주제로 접근해
활동으로 완성하는

미디어 리터러시 수업

김미옥 | 김선미 | 박인혜 | 손민영 | 심하나 | 윤희순 | 정경진

학교
도서관
저널

머리말

더 재미있는
학교도서관 미디어 교육을 위해

다시 '읽기'로

'온라인 학습 주간에 집에 있는 아이들은 지금 뭐 하고 있을까?'를 주제로 지역의 사서교사들과 이야기를 나누던 중이었다.

"컴퓨터나 스마트폰으로 열심히 뭔가를 보고 있겠지? 뭘 하든 간에 본인이 지금 보는 걸 제대로 이해하고 있을까? 사실 책과 마찬가지로 영화를 보든지 게임을 하든지 간에 전체적인 맥락의 이해 없이는 아무 소용이 없잖아."

대화는 자연스럽게 '책을 포함한 각종 미디어가 포함하는 수많은 이야기(정보)를 우리 아이들이 과연 잘 이해하고 있는가?'로 이어졌다.

"온라인 학습이 길어질수록 읽기의 격차는 더 벌어질 수밖에 없다."라던 어느 교사의 기우는 안타깝게도 현실이 되었다. 온라인 학습 주간을 마치고 학교로 온 아이들은 미디어에 장시간 노출되었을 뿐 아니라 기본적 읽기 능력도 저하되어 있었다.

사서교사로서 엄청난 책임감을 느끼고 미디어 교육을 시작한 건 아니다. 다만 '읽기' 교육을 미디어에 접목해 미디어의 소비자이자 생산자이기도 한 우리 청소년들이 좀 더 재미있게 미디어를 즐길 수 있게 하고 싶었다.

누구나 이해하기 쉬운, 흥미로운, 그러나 교과와는 동떨어지지 않은 그런 미디어 교육. 이 책은 그 결과물이다.

미디어 리터러시 교육, 왜 학교도서관인가?

오늘날 미디어의 종류가 확장되고 발전됨에 따라 누구에게나 공평하게 열려 있는 거대한 정보의 샘물에서 새로운 뉴스, 볼거리 등이 쉴 새 없이 뿜어져 나온다. 가히 정보의 홍수시대이다. 예전과 달리 이제는 시간적, 공간적 제한을 받지 않고 정보에 접근할 수 있게 되었다. 그러나 이 모든 정보가 나에게 유용하다고는 할 수 없다. 나에게 무의미한, 때로는 해악을 끼치는 정보들까지 우리에게 무방비 상태로 열려 있다.

바로 이 지점에서 학교도서관에서 이뤄지는 미디어 리터러시 교육의 필요성을 발견하게 된다. 사실 크게 인지하지 못했을 뿐 그간 학교도서관은 미디어 교육에 주도적으로 참여해왔다. 책을 읽고 요약하고 느낀 점을 이야기하는 비교적 단순한 책읽기 수업, 교과 시간 도서관에 온 학생들이 삼삼오오 모여 스스로 주제를 정하고 관련 도서나 인터넷에서 자료를 찾아 읽으며 주어진 과제를 수행하는 수업 역시 미디어 리터러시 교육이 이뤄지는 현장이라고 볼 수 있다.

이 책에서 주로 다루는 사례는 크게 네 가지다. 첫째, 중학교 교과 교육과정 전반에 녹아 있는 미디어 리터러시 수업 이야기다. 사서교사 단독 혹은 교과교사와의 협력수업을 통해 특정 교과에 치우치지 않고 전 교과를 다룬 수업 사례를 담았다.

둘째, 다양한 미디어의 특성과 수업 활용 방법에 대한 이야기다. 뉴스뿐 아니라 유튜브, 웹툰, SNS, 웹드라마 등 최근 부상한 미디어를 다룬다.

셋째, 미디어 속에서 찾은 정보의 '읽기'에 대한 이야기다. 미디어별로 생산되는 다양한 정보의 특성을 알아보고 어떻게 하면 깊이 있게 이해하는 읽기 교육이 가능한지에 대해 살펴본다.

넷째, 주제(테마)로 학습하는 미디어의 이해에 대한 이야기다. 10가지 주제별 수업에 적용 가능한 미디어로 어떤 수업을 진행했는지를 다루고 사례를 공유한다. 주제는 나를 중심으로 한 개인적인 것에서 출발해 청소년기에 반드시 관심을 가져야 하는 사회적 문제로 확장했다.

이 책은 총 세 부분으로 이루어져 있다.

1장은 학교도서관에서 시작하는 미디어 리터러시 교육 전반을 살펴본다. 미디어 교육의 과거와 현재 그리고 앞으로의 지향점뿐 아니라 미디어 '읽기' 교육의 중요성과 학교도서관에서 이뤄지는 미디어 리터러시 교육의 필요성에 관해 설명한다.

2장은 총 10개의 주제별 미디어 리터러시 수업 사례를 살펴본다. 각 주제의 키워드는 '공부', '취미', '우정', '사랑', '언어', '가족', '직업과 일', '돈과 가치', '환경과 기후위기', '다문화'이다. 주로 교과 교육과정에서 크게 벗어나지 않으면서 지금 우리 학생들이 가장 관심을 두는 분야를 고려하여 결정했다.

마지막 부록에서는 중학교 교육과정상 미디어 교육의 적용이 가능한 단원별로 인쇄, 영상자료 등 교육자료를 일목요연하게 정리했다. 또한 미디어 교육에 있어 실제 현장에서 필요로 하는 저작권 관련 안내사항도 첨부했다.

함께 연구하는 수업의 힘

이렇듯 한 권의 책으로 펴내기까지 수많은 시행착오를 겪었다. 미디어의 정의와 종류를 정하는 데 가장 많은 시간을 할애했다. 문헌정보교육학뿐 아니라 국어교육학, 정보교육학 등 교과교육에서 다뤄지는 미디어의 정의와 종류가 제각각이었기 때문이다. 따라서 우리가 사례로 제시한 다양한 미디어가 어느 학문적 분류에 따라서는 미디어의 범주에 들어가지 않을 수도 있다는 것을 서두에 밝히고 싶다.

이 책이 학교도서관이라는 교육 현장에서 묵묵하게 제 역할을 다하고 있는 전국의 수많은 사서교사에게 작은 위안이 되길 바란다. 지금처럼 미디어 리터러시가 중요해지기 훨씬 전에 우리는 이미 이런 수업을 하고 있었고 미디어 교육 전문가로 학교 현장에서 제 역할을 톡톡히 하고 있다고 말이다. 나아가 재미있고 알찬 미디어 수업을 함께 연구해보자고 제안하고 싶다. 이 책은 그 시발점이라고 해도 좋다.

마지막으로 코로나19라는 최악의 상황에서도 온라인 수업을 병행하면서까지 수업을 진행하고 공저에 힘쓴 선생님들, 그 누구보다 예쁜 나의 학생들에게 감사 인사를 끝으로 글을 마친다.

2021년 5월

심하나(양청중학교 사서교사)

차례

머리말
더 재미있는 학교도서관 미디어 교육을 위해 ●5

1. 미디어 리터러시 교육의 이해

미디어 리터러시? 오래된 답에서 질문을 찾다!
_청주중앙여자고등학교 손민영 ●14

2. 주제별 미디어 리터러시 수업

다양한 미디어로 읽는 공부의 의미
_충주여자고등학교 김선미 ●32

영화로 읽는 취미의 힘
_청주중앙중학교 박인혜 ●56

웹드라마로 읽는 친구 사이
_충주예성여자중학교 김미옥 ●75

뮤직비디오로 읽는 사랑의 모습
_청주 양청중학교 심하나 ●89

(언어)
방송으로 접하는 혐오 표현
_청주 가경중학교 정경진 ● 105

(가족)
공익광고로 읽는 가족의 소중함
_충주여자고등학교 김선미 ● 120

(직업)
유튜브로 읽는 직업과 일
_충주예성여자중학교 김미옥 ● 140

(돈)
웹툰으로 읽는 돈과 가치
_청주 양청중학교 심하나 ● 156

(환경)
유튜브로 읽는 환경과 기후위기
_청주중앙중학교 박인혜 ● 170

(다문화)
뉴스 기사로 읽는 다문화
_청주 가경중학교 정경진 ● 189

부록
미디어 리터러시 연계 교과 단원 _청주 수곡중학교 윤희순 ● 208
미디어 활용 수업 저작권 QnA ● 231
찾아보기 ● 238

1

미디어 리터러시 교육의 이해

수많은 정보와 거짓 정보 등에 노출되는 학생들이 비판적, 합리적 사고를 할 수 있도록 교육하는 데 있어 '주의 깊게 읽는 훈련'이 필요해 보인다. 소수의 전통적 매체(도서, 신문, 프린트물 등)를 의식적으로 주의를 기울여 읽던 과거와 달리 즉각적이고 자극적이며 끊임없이 주의를 빼앗는 매체를 접하고 있는 학생들에게 어떻게 다시 주의집중을 하는 법을 가르칠 수 있을까?

미디어 리터러시?
오래된 답에서 질문을 찾다!
– 학교도서관에서 시작하는 미디어 리터러시 수업

청주중앙여자고등학교 사서교사 **손민영**

어느 중학생의 평범한 하루

아침 8시쯤 일어났다. 일어나자마자 휴대폰을 열어 밤사이 올라온 페이스북, 유튜브, 카톡 알림을 확인한다. 10분 뒤쯤 휴대폰 게임에 접속해 오늘 받을 수당을 받고 본 게임에 들어갔다. 1시간 정도 지났을까. 아, 또 '엑스키퍼'다. 자녀용 앱과 부모님 앱이 나뉘어 있는데 부모님쪽 앱에서는 몇 번 클릭만 하면 자녀가 하루 사용할 수 있는 앱과 사용 시간을 정할 수 있다. 요놈 때문에 오늘 쓸 수 있는 시간이 다 돼서 게임 앱이 막히고 내 캐릭터가 죽었다. 고양이 밥도 주고 조금 놀아주다가 9시 30분 정도에 아침으로 시리얼을 먹었다. 그 후 1시간 20분간 TV를 좀 보다가 재밌는 게 없을

때쯤 침대에 누워 다시 휴대폰을 뒤적거리며 이것저것 기사를 검색했다. 그중엔 예전에 재밌게 봤던 영화 〈헝거 게임〉에 나온 배우에 관한 기사도 있었다. 점심 먹고 내친김에 컴퓨터로 넷플릭스에 들어가 〈헝거 게임〉 시리즈를 몰아봤다. 벌써 5시. 토요일이 너무 빨리 지나간 것 같아 슬프다. 저녁 먹고 컴퓨터 게임을 2시간 40분 정도 하다가 조금 이른 시간에 잠이 들었다.

- 이○현(중학교 3학년 여학생)의 주말

학교가 끝나고 집에 와 습관적으로 유튜브에 들어갔다. 보고 싶었던 영상을 다 보고 나서도 괜히 밍기적거리고 있으니 유튜브에 내가 보고 싶어 할 만한 영상 추천이 떴다. 오늘은 난생처음 보는 반려오리 영상에 빠졌다. 보면서도 내가 이걸 왜 보고 있는 거지 싶었지만 유혹을 뿌리치긴 힘들었다. 시간은 어느새 6시가 넘어 있었다. 항상 그렇듯 뒤늦게 정신 차려 공부라도 하려고 했더니 지저분한 책상이 눈에 띄었다. 그냥 정리하면 지루하니까 노래를 틀어놓고 정리하는데 노래에 정신 팔려 있다 보니 어느새 플레이리스트가 끝나가고 있었다. 7시쯤 책상 정리를 마치고는 인강을 들었다. 재생 속도를 빠르게 해서 볼 때가 대부분인데 그렇게라도 다 듣고 나니 뿌듯함이 느껴졌다. 8시쯤 늦은 저녁을 먹으며 넷플릭스를 봤다. 내가 가장 좋아하는 시간이다. 맛있는 걸 먹으면서 좋아하는 영상 보기. 저녁을 다 먹고 나서 방으로 들어와 남은 영상을 마저 봤다. 다 보고는 잘 준비를 한 뒤 10시 반쯤 책을 보다가 잤다.

- 김○채(중학교 3학년 남학생)의 평일

아침 6시 반, 졸린 눈으로 온라인 클래스에 접속했다. 강의 오픈 전에 미리 들으려는 생각이었다. 아침 준비를 하는 동안 강의를 틈틈이 틀어두었다. 강의를 듣지는 않았다. 수업 내용 정도는 교과서를 보고 혼자 공부할 수 있었다. 9시, 노트북을 챙겨서 독서실로 향했다. 핸드폰은 들고 가지 않았다. 노트북으로 인강을 듣는데 중간중간 SNS에 들어가고 싶은 충동이 든다. 결국 노트북도 전원을 끄고 가방 속 깊숙이 넣어버렸다.

오후 4시 즈음 집에 도착했다. 오자마자 핸드폰을 집어 들었다. 밀린 알림과 소식을 확인해야 했다. 한참 핸드폰을 붙잡고 SNS를 보다 보니 7시가 훌쩍 넘었다. 새로운 글이 더는 올라오지 않아 핸드폰을 끄고 노트북을 켰다. 유튜브에 들어가 적당히 노래를 틀고, 워드창을 열었다. 몇 줄 끼적이다 보면 오전 1시가 훌쩍 넘어가기 일쑤다.

- 김○지(중학교 3학년 여학생)의 가정학습

미디어 리터러시 교육의 현주소

○
지금 소개한 학생들은 우리가 교실에서 만나는 보통의 아이들이다. 하루 평균 6시간 미디어 이용[1]이라는 통계 속 아이들의 하루를 따라가다 보면 미디어가 감각기관과 신체기관의 확장[2]이 된 아이들의 일상을 볼 수 있다. 친구들과 나누는 SNS, 평소 듣는 음악, 영화나 개인 방송 등의 동영상 시청, 온라인 게임, 온라인 수업까지 아이들은 온종일 미디어 속에 있다. 2019년 통계이지만 필수 시간(수면, 식사 및 간식, 기타 개인 유지) 11시간 45분[3] 외에는 대부분 미디어를 사용하며 보내는 것이다. 다양한 경험 속에서 삶을 살아갈 지식과 지혜를 쌓아야 할 인생의 중요한 시기에 '포노 사피엔스'[4]로 새로운 삶의 국면을 맞은 아이들에게 어떤 교육이 필요한지, 여기에 학교도서관의 역할은 무엇인지 고민해야 할 때이다.

사회적 분위기도 무르익어 미디어를 읽고 활용할 수 있는 미디어 리터러시에 대한 다양한 자료가 쏟아져 나오고 있다. 교육부는 2019년 6월 '학교 미디어 교육 내실화 지원 계획'을 발표하여 학교 현장의 미디어 교육에 대한 체계적인 정책 지원을 실시하고, 학생 미디어 교육 기회 확대 및 미디어 교육 교원역량 강화를 제시하였다. 또한 방송통신위원회와 문화체육관광부가 공동으로 2020년 8월 27일 '디지털 미디어 리터러시 교육 종합계획'을 발표하면서 찾아가는 미디어교육 서비스 제공 및 늘어나는 허위 정보를 판별할 수 있는 팩트 체크 교육 강화와 알고리즘 이해 교육 등을 정책으로 제시하였다.[5] 그동안 현장에서 알음알음 이뤄지던 미디어 수업을 체계적 계획 아래 진행할 수 있도록 국면이 전환된 것이다.

그렇다면 미디어 리터러시는 무엇을 말하는 것일까? '디지털 미디어 리터러시 교육 종합계획'에서는 미디어 리터러시에 대해 '미디어Media'와 '리터러시Literacy'의 합성어로, 미디어에 접근할 수 있고 미디어 작동원리를 이해하며 미디어를 비판하는 역량, 미디어를 적절하게 생산·활용할 수 있는 역량을 의미한다고 정리하였다.[6] 이를 좀 더 세분해 보면 1) 미디어를 통한 지각과 경험으로 체득되는 인지적·정의적 능력인 '지식', 2) 미디어에 대한 비판적·미학적 성찰을 통한 글쓰기 능력인 '비평', 3) 미디어를 통해 지식과 정보를 교류하고 의견을 표현할 수 있는 소통 능력인 '의사소통', 4) 개인과 집단의 미디어 접근과 활용 능력인 '접근/활용', 5) 미디어를 통한 창의적·상호작용적 생산 행위 능력인 '구성/제작', 6) 미디어를 통한 윤리적인 공동체 참여와 민주시민의 시민성 실천 능력인 '참여'로 구분할 수 있다.[7]

사실 미디어 교육은 최근의 일이 아니다. 교육부는 2016년 '한국형 미디어 기반 교육 모델 개발 연구'를 시작으로 매년 미디어와 관련된 정책 연구를 진행하고 있으며, 교육부 주관으로 2년에 걸쳐 전국 15개 초중고교를 '미디어 리터러시 교육과정 연구학교'로 지정하여 '미디어 리터러시 연구'를 운영, 결과를 에듀넷 등의 사이트에 공유하고 있다. 또한 전국국어교사모임 매체연구회는 1998년 결성되어 미디어 리터러시 교육과 국어 교육의 연계를 실천하며 현장의 사례를 다양한 책으로 펴내고 있다. 최근엔 미디어교육 통합지원포털 miline.or.kr이 오픈되어 누구나 마음만 먹으면 미디어 리터러시 수업 자료를 다운로드하고 활용할 수 있다. 그럼에도 변화하는 사회에 맞추어 학생들에게 다가갈 수 있는 다양한 수업 방법에 대한 요구는 점점 커지고 있다. 이 부분에서 학교 도서관의 역할에 관심이 모아진다.

미디어 리터러시 교육과 '읽기'

미디어 리터러시 교육이 디지털 미디어 이용의 이면에 있는 과다한 정보, 음란물 및 불건전한 정보, 자기 노출, 허위정보 확산, 사이버 폭력 등 역기능 등을 개선하기 위해 바른 정보의 선택, 디지털 공간에서의 개인 간 배려와 존중, 올바른 소통 활성화와 공동체성 확립이라는 근원적 해결 방법으로 중요하게 여겨지는 것[8]은 사실이다. 하지만 미디어의 악영향으로부터 미디어 이용자를 보호하기 위해 미디어 리터러시 교육이 필요하다는 '보호주의적 관점'이나, 미디어 이용자들의 문화적 정체성 구현과 미디어를 통해 얻는 즐거움을 강조하는 '문화 정체성과 즐거움', 다양화·개별화된 미디어 환경에서 미디어 이용자가 올바른 정보에 기반을 둔 선택을 할 수 있고 안전하게 활동할 수 있도록 자기 규제 능력을 갖추는 '개인 위주적 접근'[9]으로만 바라보는 것은 아닌지 함께 고민해볼 필요가 있다.

독서감상문 대회를 할 때 아이들에게 가장 많이 듣는 말이 '글

쓰는 법을 배운 적이 없다.'라는 말이다. 내 생각을 정리하여 녹이는 법, 글을 구성하는 법 등 기본적인 것을 '이미 배웠겠지'라고 여기며 넘어갈 때 아이들의 글은 천편일률적으로 변하곤 한다. 과다한 정보 속에서 아이들이 무엇을 내면화했는지 함께 고민하지 않고 화면을 구성하고 만드는 것을 강조하면 결국 속이 빈 결과물이 나올 수밖에 없다.

국립국어원 표준국어대사전은 미디어에 대해 '어떤 작용을 한 쪽에서 다른 쪽으로 전달하는 역할을 하는 것'으로 정리하고 있다. 정보 또는 데이터를 저장하고 전달하는 데 사용되는 통신 수단 또는 도구[10]인 것이다. 통신 수단 및 도구의 사용법을 배우는 것은 중요하며 리터러시 교육의 한 축을 이룬다. 그러나 그 도구에 무엇을 담을지 고민할 때 교육적 역할은 더 풍성해질 것이다.

좀 다른 이야기를 해보자. 2016년 연구된 「정보 전달 매체(SNS vs. 종이 인쇄물)에 따른 학습자의 읽기 수행 능력 비교 연구」를 보면 종이 인쇄물과 SNS라는 매체로 전달되는 학습 내용이 학생들의 이해력에 차이를 가져온다는 것을 알 수 있다. 다양한 실험군에서 종이 인쇄물로 읽을 때가 SNS로 읽을 때보다 더 높은 수행 점수를 받았으며, 특히 '시'를 읽으며 얻게 되는 정보에 대한 이해와 추론, 이미지화 등의 처리 능력에서는 현저한 차이를 보였다. SNS 매체로 전달된 글을 읽을 때 단편적 정보의 즉각적 처리에는 별 어려움이 없지만 그 내용을 형상화하거나 추론을 통해 다음 단계의 처리 과정으로 진입하는 것에는 어려움을 느끼는 것으

로 해석될 수 있다.[11]

이와 관련해 매리언 울프의 『다시, 책으로』에서는 좀 더 확장적인 이야기를 하고 있다. 노르웨이 학자인 안네 망겐의 인쇄물 읽기와 스크린 읽기의 인지적, 정동적 차이 연구 결과, 종이책으로 읽은 학생들이 스크린으로 읽은 학생들보다 줄거리를 시간순으로 재구성하는 능력이 더 뛰어났다고 한다. 망겐의 연구팀을 비롯한 다른 연구팀들은 자신들의 연구 결과가 스크린 읽기에서 관찰되는 훑어보기와 건너뛰기 그리고 대충 읽기는 물론, 스크린에 내재하는 구체성과 공간성의 결여와 관계가 있다고 추정한다. 인쇄물을 읽을 때 사용하는 감각적인 차원인 '촉각'은 단어에 일종의 '기하학'을 더함으로써 우리의 이해를 돕는다. 단어를 스크린으로 읽을 때는 놓치기 쉽지만 인쇄된 형태로 읽을 때 활성화되는 것에 촉각이 일정 역할을 한다는 것이다.[12]

디지털에 익숙한 아이들의 리터러시

우리는 인쇄본을 읽을 때, 눈으로만 읽지 않는다. 깊이 집중할수록 손으로 종이의 표면을 매만지고, 입으로 인상 깊은 구절을 중얼거린다. 종이를 넘기는 소리, 손가락으로 집어내며 읽는 문장의 소리 등이 머릿속에 지도를 그리는 것이다. 하지만 휴대성, 간편성, 접근성 때문에 읽게 되는 전자매체 등에서는 이러한 청각,

촉각 등의 감각이 사라지고 시각만이 빠르게 움직인다.

　필자도 최근에 이러한 경험을 계속하게 되었다. 책과 논문 등을 주로 스마트폰의 앱을 활용하여 '전자책'의 형태로 보고 있는데, '종이책'으로 읽을 때보다 주의집중이 자주 분산되고 내용이 파편화되어 뇌리에 안 남는 느낌이 강하게 들었다. 소설의 사건 얼개를 따라갈 때는 큰 문제가 없었는데, 정보 제공을 목적으로 하거나 생각할 필요가 있는 책을 읽을 때는 어려움을 더 느꼈다. 보통 종이책을 읽을 경우 집중해서 보고 나면 인상 깊은 내용이 책 구성 중 어디에 있는지 함께 연상됐는데, 전자책의 경우는 구성이 함께 연상되지 않았다. 디지털 뉴스를 읽을 때도 사건의 얼개와 자극적 몇 단어에 꽂혀 기사를 비판적으로 주의 깊게 바라보기보다, 감정적으로 읽기에 급급하곤 했다. 물론 인쇄물로 정보 처리 하는 것이 습관화된 기성세대와 달리 어릴 때부터 디지털 미디어에 익숙한 학생들은 다를 수 있다. 하지만 학생들이 빠른 정보 처리 속도가 특징인 스크린으로 지속해서 읽을 때 산만함, 주의 분산 등으로 순차적인 사고가 점점 줄어드는 것[13]이 아닌지 걱정이다.

　읽는 능력(문해력)은 호모 사피엔스의 가장 후천적 성취 중 하나라고 한다. 유전적으로 세팅된 것이 아니라 우리의 머릿속에서 진화 중인 반복 회로의 가속화된 변화에서 비롯된다는 것이다.[14] 읽기를 어릴 때부터 자주 접한 아이들의 어휘력과 읽기 능력을 보면 그렇지 않은 학생들과 분명히 대비되는 것을 보게 된다. 아이폰의 첫 출시일은 2007년 6월 29일, 2020년 기준 중학교 1학년 학생들이 태어난 해이다. 태어나면서부터 스마트폰이라는 미디어 기기를 접한 아이들의 읽기는 어떻게 되고 있을까? 우리는 요즘 아이들의 읽기 능력 및 이해력 저하에 대한 걱정을 자주 접하고 있다. 경제협력개발기구OECD 회원국 79개국을 대상으로 한 '국제 학업성취도 평가PISA 2018' 결과에 따르면 한국 학생의 읽기 능력은 12년 연속 떨어지는 것으로 나타났다. 2006년 가장 높은 읽기 평균 점수를 보였다가 계속 하락하고 있다.[15]

수많은 정보와 거짓 정보 등에 노출되는 학생들이 비판적, 합리적 사고를 할 수 있도록 교육하는 데 있어 필요한 것 중 하나는 '주의 깊게 읽는 훈련'이다. 소수의 전통적 매체(도서, 신문, 프린트물 등)를 의식적으로 주의를 기울여 읽던 과거와 달리 즉각적이고 자극적이며 끊임없이 주의를 빼앗는 매체를 접하고 있는 학생들에게 어떻게 다시 주의집중을 하는 법을 가르칠 수 있을까? 또한 주의집중을 통해 학생들은 무엇을 얻을 수 있을까? 매리언 울프는 '주의 깊게 깊이 읽기'의 효과에 대해 아래와 같이 설명한다. 이는 우리가 미디어 리터러시 교육을 하고자 하는 목적으로도 읽힌다.

> 깊이 읽기를 통하여 유추의 과정, 추론의 과정, 공감의 과정, 배경지식의 처리 과정 사이의 연결을 꾸준히 강화하면 읽기의 차원뿐만 아니라 더욱 많은 차원에서 유리해집니다. 읽기를 통해 이런 과정들을 연결하는 법을 계속 배운다면 이는 삶에도 적용

되어 자신의 동기와 의도를 구분할 줄 알게 되고, 다른 사람들의 생각과 느낌도 더욱 명민하고 지혜롭게 이해하게 됩니다. 그것은 공감을 통한 연민의 토대가 될 뿐만 아니라 전략적 사고에도 도움이 되지요.[16]

미디어 리터러시 교육의 지향점

○

미디어 리터리시 책이라고 말해 놓고는 책읽기를 찬양하는 것 같지만 우리는 양손잡이 읽기 뇌를 가진 아이들을 키우는 것을 목표로 삼는다. 교육과정에 이미 '한 학기 한 권 읽기'가 있지만, 리터러시 수업 내에도 '깊이 읽는 과정'을 넣는다면 공감과 추론 능력부터 비판적 분석과 통찰에 이르는 전 과정을 아우르는 효과적인 미디어 리터러시 교육이 될 수 있다. 각 매체의 특성을 배우고 각 매체의 장점을 활용할 수 있는 학생으로 키우게 될 것이다.

책을 먼저 주의 깊게 읽고 그 내용을 공유하여 재확인한 다음 매체별 특성을 살린 교육으로 들어가는 것이 우리의 목표이다. 학교도서관은 그런 부분에서 최적화된 곳이다. 미디어 교육에서 매체의 사용은 필수적이다. 그러나 계층의 경제적인 차이가 접근 및 교육의 차이로 나타날 수 있는데 이를 바로 잡을 수 있는 공간이 도서관이다. 미디어 리터러시 교육의 기본인 미디어 기기, 전송 네트워크, 미디어 플랫폼 등은 구입 시 대금을 지불하거나 사용 시

유료화되어 접근부터 차별을 만들 수밖에 없다. 가정의 경제적 차이는 추후 학생들의 미디어 활용 능력의 차이를 만들지만, 도서관은 모두에게 공평한 기회를 나눠줄 수 있으며 함께 고민하고 이야기할 수 있는 공간이 된다. 다소 부족하더라도 모든 학교에 도서관이 있고 제반 시설도 어느 정도 갖춰져 있다. 기본 시설이 먼저 확보될 때 학생들은 경제적 상황, 계층적 상황에 상관없는 교육을 받을 수 있다.

미디어 리터러시 교육은 민주시민으로서 능동적이고 책임 있는 미디어 이용과 디지털 시민성을 구현하는 데 목표를 둘 수 있다.[17] 또한 수업 구성에서는 6가지 미디어 리터러시 역량의 정의 및 목표[18]를 참고로 고르게 역량이 배분될 수 있도록 고려한다.

[표1] 6가지 미디어 리터러시 역량의 정의 및 목표

범주 구성 요소	정의	목표
지식	미디어를 통한 지각과 경험으로 체득되는 인지적·정서적 능력	미디어의 구조, 기능, 기술의 발전 과정과 체계 등의 이해와 지식 습득
비평	미디어에 대한 비판적·미학적 성찰을 통한 글쓰기 능력	미디어의 기술적, 사회적, 문화적 쟁점들과 내용에 대한 사실 판단과 가치 판단을 통한 글쓰기 능력 개발
의사소통	미디어를 통해 지식과 정보를 교류하고 의견을 표현할 수 있는 소통 능력	사회적 의사소통에 능동적으로 참여하기 위한 의견의 표현 방법과 상호 인정을 통한 대화 능력 개발
접근/활용	개인과 집단의 미디어 접근과 활용 능력	미디어의 기술적 사용법, 전문지식, 콘텐츠의 수용과 질에 대한 접근과 활용 능력 개발
구성/제작	미디어를 통한 창의적·상호작용적 생산 행위 능력	대안 미디어의 구성과 창의적·미학적 기술의 적용과 제작
참여	미디어를 통한 윤리적인 공동체 참여와 민주시민의 시민성 실천 능력	책임 있는 온라인 공동체 참여와 디지털 시민성을 실현하기 위한 실천 능력 개발

학교도서관 활용 미디어 리터러시 수업

학교도서관 활용수업은 '학교도서관이 가진 자원을 적절히 사용하여 수업목표를 효과적으로 달성하고자 하는 교육활동'[19] 이라고 할 수 있다. 교육부의 '제3차 학교도서관진흥기본계획 (2019~2023)'에 학교도서관 활용교육을 연간 학교 교육계획에 반영하며, 수업·평가 등 교육활동 전반에서 학교도서관 협력수업을 권장하고 있다. 이미 많은 일선 학교에서 학교도서관 활용수업의 다양한 경험이 있을 것이다. 이런 경험을 참고로 '교과 연계', '방과 후', '창의적 체험활동' 시간에 할 수 있는 주제별 리터러시 수업을 계획하였다.

주제는 총 10가지로 '공부', '취미', '우정', '사랑', '언어', '가족', '직업과 일', '돈과 가치', '환경과 기후위기', '다문화' 등 지금 중고등학생에게 가장 필요한 내용이 무엇일까 고민하여 결정하였다. 또한 10가지 주제 외에도 학교도서관에서 미디어 활용 수업이 가능한 교육과정 성취기준을 부록으로 정리하였다. 주제별로 연결되는 미디어는 1~3개이며, 각 주제를 고르게 경험할 수 있도록 배분하였다. 학생들이 원하는 바를 정확히 이해하고 이를 주의 깊게 생각하여 정리한 다음 미디어를 이용해 정보를 습득하고 이를 표현하는 과정을 통해 책임 있게 다른 사람과 공유하는 과정을 만들고자 했다. '주제'와 연계된 교과 교육과정 성취기준은 다음 표와 같다.

[표2] 중·고등학교 주제별 교과 교육과정 성취기준

교과	구성	영역	성취 기준
국어	언어 공부 우정	듣기·말하기 읽기 쓰기 문학	[9국01-11] 매체 자료의 효과를 판단하며 듣는다. [9국01-12] 언어폭력의 문제점을 인식하고 상대를 배려하며 말하는 태도를 지닌다. [9국02-07] 매체에 드러난 다양한 표현 방법과 의도를 평가하며 읽는다. [9국03-08] 영상이나 인터넷 등의 매체 특성을 고려하여 생각이나 느낌, 경험을 표현한다. [9국05-01] 문학은 심미적 체험을 바탕으로 한 다양한 소통 활동임을 알고 문학 활동을 한다. [9국05-02] 비유와 상징의 표현 효과를 바탕으로 작품을 수용하고 생산한다.
	공부	매체 언어의 탐구와 활용	[12언매03-01] 매체의 특성에 따라 정보가 구성되고 유통되는 방식을 알고 이를 의사소통에 활용한다. [12언매03-02] 다양한 관점과 가치를 고려하여 매체 자료를 수용한다. [12언매03-03] 목적, 수용자, 매체의 특성을 고려하여 다양한 매체 자료를 생산한다. [12언매03-04] 매체 언어의 창의적 표현 방법과 심미적 가치를 이해하고 향유한다. [12언매03-05] 매체 언어가 인간관계와 사회생활에 미치는 영향을 탐구한다. [12언매03-06] 매체를 바탕으로 하여 형성되는 문화에 대해 비판적으로 이해하고 주체적으로 향유한다.
도덕	돈 사랑 다문화	자신과의 관계 타인과의 관계 사회·공동체 와의 관계	[9도01-04] 본래적 가치에 근거한 삶의 목적 추구가 도덕적으로 정당화될 수 있음을 도덕 공부를 통해 이해하고, 자신의 삶의 목적을 도덕적 이야기로 구성할 수 있다 [9도02-03] 성과 사랑의 다양한 의미를 이해하고, 청소년기의 성 문제를 도덕적 시각에서 평가하며, 일상생활에서 이성 친구에 대한 예절을 지키는 실천 방법을 제시할 수 있다. [9도03-02] 보편 규범과 문화 다양성의 관계를 이해하고, 이를 바탕으로 문화적 차이와 다름을 존중하는 등 다양성을 긍정하는 자세를 지닐 수 있다. ①우리 안에 있는 다문화의 모습은 무엇인가? ②자문화와 타문화를 어떻게 바라볼 것인가? ③다문화 사회의 갈등을 해결하려면 어떻게 해야 할까?

사회	취미	사회·문화	[9사(일사)02-03] 대중매체와 대중문화의 의미와 특징을 이해하고, 대중문화를 비판적으로 평가하는 태도를 가진다.
	다문화	인문 환경과 인간 생활	[9사(지리)04-03] 서로 다른 문화가 공존하는 지역과 갈등이 있는 지역을 비교하여, 그 차이가 발생하는 이유를 분석한다.
실과 (기술· 가정)	가족	인간 발달과 가족	[12기가01-02] 이상적인 배우자상에 대한 개인적, 사회적 고정관념을 성찰하고 행복한 가정생활을 위한 배우자 선택 기준을 제안한다.
			[12기가01-02] 이상적인 배우자상에 대한 개인적, 사회적 고정관념을 성찰하고 행복한 가정생활을 위한 배우자 선택 기준을 제안한다.
진로와 직업	직업 공부	진로탐색	[9진02-04] 직업이 자신에게 주는 긍정적 가치(자아실현, 보람 등)를 이해할 수 있다.
			[9진02-05] 직업인이 공통적으로 갖추어야 할 직업윤리를 이해할 수 있다.
			[9진02-06] 직업에 대한 사회의 여러 가지 편견과 고정관념을 제시하고 이에 대한 문제점을 설명할 수 있다.
			[12진로03-03] 자신의 진로개발과 관련 있는 평생학습의 기회를 탐색할 수 있다.
과학	환경	재난 안전	[9과16-01] 재해·재난 사례와 관련된 자료를 조사하고, 그 원인과 피해에 대해 과학적으로 분석할 수 있다.

* 지리는 '영역'을 '단원명'으로 대체함

　국어, 도덕, 사회, 기술·가정, 정보, 진로와 직업, 과학 등 7개 과목과 연계한 도서관 활용수업이며, 각 수업은 1~5차시의 분량이다. 수업은 전반적으로 중학생을 대상으로 진행되었으나, '미디어 리터러시 교육' 중 많은 비중을 차지하는 '뉴스' 및 '광고', '개인방송(팟캐스트)'은 고등학교 수업까지 확장하여 진행하였으므로, 중학교와 고등학교 사례를 비교하여 수업에 활용할 수 있다.
　수업은 6가지 미디어 리터러시 역량의 정의 및 목표[20]를 참고로 수업 진행 시 고르게 역량이 활용될 수 있도록 하였다.

[표3] 주제별 미디어 리터러시 수업 진행 순서

(사전준비)	지식	접근/활용	비평	구성/제작	참여
주제별 도서 읽기	주제 관련 내용 설명 및 미디어 안내	주제 관련 미디어 정보 탐색	미디어 정보 분석 및 이해	미디어 제작	SNS 등 미디어 공유 및 미디어 공유 예절 이해

모든 수업은 중·고등학교에 근무 중인 사서교사의 단독 및 협력수업으로 이뤄졌으며, 추후 교과와 연계할 활용수업으로 변경할 가능성이 무궁하다. 매 수업 학생들에게 필요한 미디어 제작과 관련된 프로그램 등은 가능한 한 무료로 이용할 수 있는 프로그램으로 골랐으며, 수업 활동지는 출판사 홈페이지에서 다운로드할 수 있다. 사서교사뿐 아니라 해당 과목 교사들도 활용하여 일선 학교에서 다양한 수업에 적용될 수 있길 기대한다.

2

주제별 미디어 리터러시 수업

공부
취미
우정
사랑
언어
가족
직업과 일
돈과 가치
환경과 기후위기
다문화

다양한 미디어로 읽는 공부의 의미

수업 학년: 고등학교 1, 2학년
수업 시간: 총 5차시(매 90분)
수업 형태: 방과후 수업
중심 미디어: 뉴스, 카드 뉴스
주변 미디어: 그림책, 사진, 영상
활용 도서: 『배운다는 건 뭘까?』(채인선 글, 윤봉선 그림, 미세기)
관련 교과: 고등학교 언어와 매체 Ⅲ. 매체 언어의 탐구와 활용
 1. 매체 자료의 수용과 생산
 고등학교 진로와 직업 Ⅲ. 진로 탐색 03. 진로 개발을 위한 평생 학습
 중학교 국어2-2 4-(2) 매체 바르게 읽기

충주여자고등학교 사서교사
김선미

'배움'의 발견

공부는 왜 해야 할까? 학교엔 왜 가야 할까? 이는 십 대들이 가장 많이 하는 생각이 아닐까 싶다. 특히 2020년은 코로나19라는 유례없는 팬데믹 상황 속에 온라인 수업이 장기화하면서 학교의 존재에 대한 물음과 그에 관한 기사가 쏟아져 나왔던 한 해이기도 하다.

『학교 없는 사회』의 저자 이반 일리히는 공부는 타인에 의해 조작될 필요가 거의 없는 인간 활동으로, 모든 공부는 수업의 결과가 아니라고 말한다. 사람들이 공부를 잘하게 만드는 요인으로 '참여'를 꼽은 그는 일찍이 '사회의 학교화'를 꿈꿨다. 학습망, 평생학습사회life long learning society 등의 개념도 그의 주장이 나온 이후 생겨났다. 물론 개인적인 입장에서 학교의 존재 가치에 대해서는 의심할 여지가 없다. 지식을 가르치는 것을 넘어서 학생과 교사, 학생과 학생이 서로 소통하는 관계 속에서 배워야 할 것들이 분명히 있으므로 학교는 꼭 필요한 곳이라고 생각한다. 하지만 코로나19로 인한 온라인 수업의 등장, 비대면 수업 증가 등 학교에서도 많은 변화가 일어나고 있다.

 아이들에게 물어보았다. "너희들은 왜 공부해?" 그러자 대부분 "좋은 대학에 가려고요"라고 대답했다. 기성세대도 그러한 시절을 경험했지만 지금의 아이들 역시 대학에 가기 위한 공부, 수동적인 공부에 매몰되어 있는 것은 아닐까 하는 걱정이 앞섰다.

 우리 아이들은 배움에 있어서 얼마나 능동적이고 적극적인 삶의 주인으로 살고 있을까? 이런 근본적인 물음을 아이들에게 던지고 함께 생각해보고자 '공부'를 주제로 선택하게 되었다. 또 앞으로 4차 산업혁명 시대, 인공지능 시대를 살아갈 청소년들이 미래를 제대로 준비하기 위해서는 평생에 걸쳐 능동적이고 적극적인 배움의 주인이 되어야 한다고 생각했다. 좁은 의미에서 공부로 시작했지만 넓게는 평생학습사회에 따른 배움의 의미, 코로나19로 인한 온라인 수업의 일상화 등 사회 변화에 따른 학교, 공부, 교육의 의미에 대해 폭넓게 아이들과 함께 생각해보고자 하였다.

어떤 수업에 적용할까

미디어 리터러시에 관심 있는 고등학교 1, 2학년 학생들을 대상으로 학교도서관에서 방과후 수업 형태로 진행하였다. 다양한 매체를 활용한 수업이므로 꼭 방과후 수업이 아니더라도 학교도서관에서 다양한 교과와 연계한 수업이 가능하다. 중학교에서는 조금 더 긴 호흡으로 자유학기제 수업에 적용할 수 있다.

어떤 미디어를 선택할까

먼저 활동의 중심이 되는 미디어로는 인터넷 뉴스와 카드 뉴스를 선택했다. 뉴스는 최근 이슈나 사회상황을 다루고 있어서 공부, 학교, 교육과 관련해 폭넓게 생각해볼 수 있는 미디어이기 때문이다. 또 카드 뉴스는 십 대가 선호하는 뉴스 형태이고 제작 방법만 배워두면 얼마든지 활용할 수 있으므로 한 번쯤 다뤄볼 필요가 있다고 생각했다.

한국언론진흥재단에서 실시한 '2019 10대 청소년 미디어 이용 조사'[21]에 따르면 지금 십 대들은 스마트폰을 '내 몸의 일부'로 느끼는 모바일 온리Mobile only 세대이며, 모바일 인터넷 이용률도 97.2%에 이른다. 여기서 더욱 흥미로운 점은 십 대의 미디어별 뉴스 이용 행태와 관련한 조사 결과다. 십 대들이 뉴스를 접하는 주요 미디어는 모바일 인터넷과 TV 뉴스다. 플랫폼별로는 SNS(41.4%), 온라인 동영상 플랫폼(39.8%)이 가장 많은 비율을 차지하고 있다.

SNS에서 쉽게 볼 수 있는 카드 뉴스 역시 요즘 청소년들이 즐겨 보는 뉴스 형태다. 카드 뉴스는 2014년 4월 미국의 뉴미디어 언론사 Vox가 최초로 공개한 카드 스택이 시초가 되어 2014년 후반부터 국내외 언론사들이 경쟁적으로 차용하기 시작했는데 요즘은 뉴스뿐만 아니라 다양한 영역에서 활용되며 미디어의 한 형태로 자리잡았다.

이렇게 학생들이 가장 많이 접하는 인터넷 뉴스를 통해 관심 주제의 뉴스 기사를 검색해보고 이미지 형태의 카드 뉴스로 표현해보고자 중심 미디어를 인터넷 뉴스와 카드 뉴스로 선택했다. 그 외 활동에 소스가 될 주변 미디어로는 그림책과 사진, 영상을 추가하였다.

학습 주제 (단원명)	고등학교 언어와 매체 Ⅲ. 매체 언어의 탐구와 활용 1. 매체 자료의 수용과 생산	지도 학년	고등학교 1, 2학년
수업 설계 의도	1. 뉴스를 통해 공부, 학교, 교육과 관련된 최근 이슈나 사회상황에 대해 알아보고 배움의 의미에 대해 생각해보는 기회를 제공한다. 2. 다양한 미디어를 활용한 수업을 통해 미디어 리터러시를 이해하도록 한다. 3. 미디어를 활용하되 Big6 스킬 모형[22]을 활용한 정보문제해결 단계에 맞추어 학생 활동 중심의 수업으로 설계함으로써 미디어 리터러시와 정보 리터러시를 융합적으로 기르도록 한다.		

학생 활동	1. 미디어 리터러시의 기본 개념에 대해 이해한다. 2. 주제 도입 활동으로 그림책 『배운다는 건 뭘까?』를 함께 읽고 토론한다. 3. 이미지 프리즘 카드를 활용한 강제결합-글쓰기 활동으로 '공부'에 대해 정의 내려본다.(정의의 종이배 만들기) 4. '공부'를 키워드로 한 브레인스토밍을 통해 넓게는 학교, 교육과 관련해 다양하게 키워드를 확장해보고 질문 적합성 판단과 구체화 과정을 통해 나만의 과제를 만든다. 5. 나만의 과제와 관련한 뉴스를 검색하고 비판적으로 분석해본다. 6. 뉴스 분석 및 이해를 바탕으로 스토리보드를 작성한 후 카드 뉴스로 표현한다. 7. 자신이 제작한 카드 뉴스를 SNS에 게시 및 공유하는 과정을 통해 사회적 참여와 매체 윤리를 실천한다.
교사 역할	1. 미디어 리터러시의 기본 개념에 대해 설명하고 수업의 전반적인 과정을 안내한다. 2. 뉴스와 카드 뉴스의 특징과 차이점에 대해 비교하여 설명한다. 3. 스토리보드 작성 방법과 카드 뉴스 제작 도구에 대해 안내한다. 4. 미디어 생산 및 공유 과정에서 출처 표시 및 저작권 준수 등 매체 윤리를 실천할 수 있도록 지도한다.

수업 과정

 '공부'를 주제로 하여 다양한 키워드를 확장해보고 최근의 이슈와 연관 지어 인터넷 뉴스를 검색해보며 비판적으로 분석한 뒤 카드 뉴스라는 새로운 형태로 재생산하여 SNS에 게시하고 공유했다. 이 활동을 통해 미디어 접근 – 비판적 이해 – 창의적 표현 – 사회적 소통까지 미디어 리터러시가 요구하는 4가지 도달능력[23]을 골고루 기를 수 있도록 수업과정을 설계하였다.

1차시: 미디어 리터러시에 대한 올바른 이해

o

　이 수업은 미디어 리터러시 자체에 관심이 있어서 자발적으로 모인 학생들을 대상으로 진행하였기 때문에 첫 시간은 미디어 리터러시의 기본 개념에 대해 이해할 수 있도록 구성했다. 미리 준비한 PPT로 미디어의 기본 개념, 매체 발달의 역사, 매체의 종류와 특징에 대해 안내하고 지식정보사회에서 왜 미디어 리터러시나 정보 리터러시가 요구되는지 설명하였다. 또 정보활용교육에서 널리 활용되는 Big6 스킬Big6 Skills 모형을 알려주고 앞으로 이 정보문제해결 단계에 맞추어 학생 활동 중심으로 수업을 진행할 것이라고 안내해주었다. 미디어 리터러시의 기본 개념에 대한 이해와 수업 전반의 과정에 대한 안내를 마치고 하나의 영상을 함께 시청하고 이야기 나누었다.

　〈모두 읽고 있습니까? 사회 소통 능력이자 생존 능력이 된 '미디어 리터러시'〉라는 제목의 이 영상은 미디어 리터러시에 대해 알기 쉽고 흥미롭게 만든 영상이다. 아이들과 함께 시청한 후

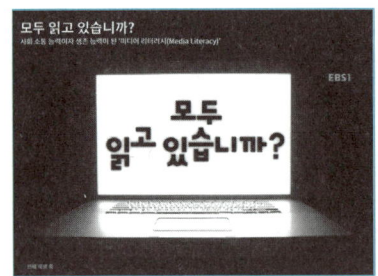

EBS 지식채널-e 5분, 세상과의 소통 활용

영상에서 이상한 점이 없었는지 물었다. 아이들은 이상한 점을 발견하지 못했다고 하였다. 몇 가지 부분을 정지화면으로 보여주며 설명을 이어갔다.

"미디어 교육은 수학이나 과학보다 중요하다고 생각합니다."라고 이야기하는 부분이나 "미디어 교육은 국어 시간에 이루어진다. 미디어 리터러시는 글을 읽고 쓰고 소통하는 능력에서 시작되기 때문이다."라는 부분에서 출처를 밝히고는 있으나 편향된 시각을 강조하는 내용일 수 있다고 학생들에게 설명하였다. 왜냐하면 미디어 리터러시는 다양한 매체와 주제로 수업이 가능하기 때문에 모든 교과에서 수업이 이루어질 수 있고, 수학이나 과학보다 중요하다고 말하는 것 역시 미디어 교육의 중요성을 강조하기 위해 개인적인 견해를 가져다 쓴 것이기 때문이다.

이처럼 동영상은 제작하는 사람의 의도나 시각에 따라 해당 내용이 달라질 수 있으므로 미디어를 볼 때는 비판적인 시각을 가지고 바라볼 필요가 있음을 강조하였다. 학생들도 미처 생각하지 못했던 부분이라고 공감하면서 앞으로 동영상을 시청할 때는 비판적으로 수용하는 습관을 들여야겠다고 이야기해주었다.

2차시: 주제 도입 활동과 나만의 과제 정하기

ㅇ
두 번째 시간에는 주제 도입 활동으로 그림책 읽기와 이미지 프리즘 카드를 활용하였다.

먼저 주제 도입 첫 번째 활동으로 그림책『배운다는 건 뭘까?』를 함께 읽고 "공부는 왜 할까"를 주제로 짧게 이야기 나누었다. 실제 수업에서 비경쟁 독서 토론 방식으로 토론하기에는 시간이 부족해 5분 정도 옆의 친구와 이야기를 나누는 정도로 진행했지만 수업 시간에 여유가 있다면 비경쟁 독서 토론을 통해 더 깊이 있는 이야기를 나누어도 좋을 것 같다.

주제 도입 두 번째 활동으로는 이미지 프리즘 카드를 활용한 강제결합-글쓰기를 했다. 각자 마음에 드는 사진을 골라 이미지에서 떠오르는 것을 '공부'와 연결하여 "공부는 (   )이다. 왜냐하면 (   )이기 때문이다."라고 정의를 내려보았다. 종이배를 접어보면서 가볍게 몸도 풀고 다른 친구들은 어떻게 정의 내렸는지 함께 이야기하면서 주제에 대해 생각해볼 수 있었다. 또 저마다 고른 다양한 사진과 센스 있는 정의에 감탄하며 재미있게 활동할 수 있었다.

"공부란 떼어놓을 수 없는 친구 같은 존재이다. 왜냐하면 공부는 특정 시기에만 하고 끝나는 것이 아니라 평생 함께해야 하는 것이기 때문이다"라며 친구에 비유하여 공부의 정의를 내린 학생의 말이 가장 기억에 남는다. 우리 수업의 주제를 한마디로 잘 정리해 준 것 같았다.

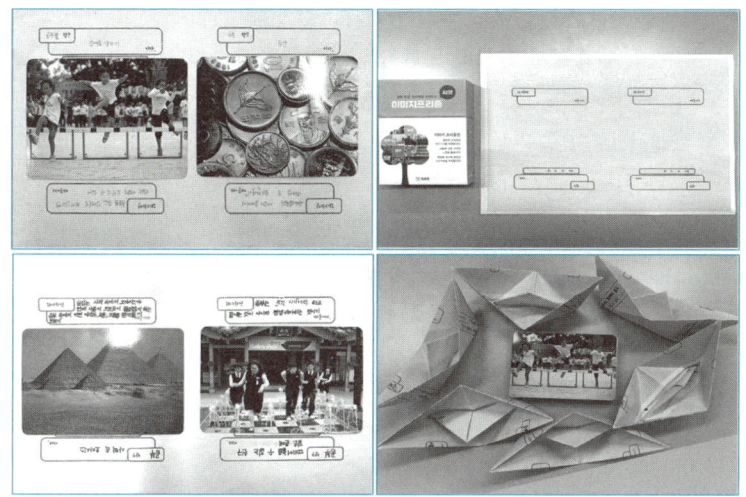

이미지 프리즘 카드를 활용한 정의의 종이배 만들기 활동

다음은 본격적인 활동으로 Big6 스킬 중 첫 번째 단계에 해당하는 '과제 정의' 활동에 들어갔다. 공부라는 키워드에 관한 브레인스토밍을 통해 학교, 교육과 관련하여 다양하게 확장해보도록 했다. 거기서 각자 가장 관심 있는 키워드를 2~3개 정도 추출한 후 관심 키워드로부터 나만의 정보과제를 질문 형식으로 만들어 보았다. 정보과제 만들기를 하면 처음에는 주제가 매우 광범위하거나 질문이 막연한 경우가 많아서 질문 적합성[1] 판단과 구체화 및 범위 좁히기 과정을 통해 과제를 좀 더 세부적으로 정의할 수 있도록 안내하였다. 활동지 ①

---

[1] 1 질문이 참신한가, 2 해결 가능한 질문인가, 3 광범위하지 않은 세부적인 질문인가.

:: 수업에서 학생이 도출한 정보과제의 구체화 사례 ::

① 브레인스토밍 후 관심 키워드 추출:
공부, 진로, 자유학기제

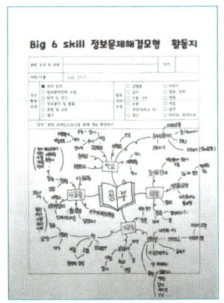

② 질문 구체화 과정
진로를 찾는 공부도 학생에게 필요한가?
↓
진로를 찾는 공부를 돕는 제도가 존재하는가?
↓
자유학기제는 학생들에게 실제로 도움이 되는가?

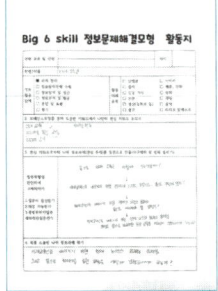

③ 나만의 정보과제 도출
☞ 자유학기제가 학생들에게 실질적으로 도움을 줄 수 있도록 지속할 수 있는 개선 방안이 있을까?

3-4차시: 카드 뉴스 만들어서 SNS 공유하기

○
뉴스라는 매체를 비판적으로 수용하고 새로운 매체인 카드 뉴스로 재생산하는 것은 Big6 스킬 중 '정보탐색전략 수립/정보탐색 및 접근/정보분석 및 활용/종합 및 표현' 단계에 해당하는 활동이다. 수업의 가장 중심이 되는 활동으로 학생들이 스스로 활동할 수 있는 시간을 충분히 주기 위해 2차시에 걸쳐 진행됐다.

본 수업에 들어가기 전에 학생들에게 주로 어떤 경로로 뉴스를 접하는지 물어보았다. 대부분 TV 방송과 유튜브, SNS나 인터넷 포털사이트에 뜨는 기사를 통해 뉴스를 접한다고 했다. 유튜브의 〈스브스뉴스〉나 〈엠빅뉴스〉는 영상으로 짧게 볼 수 있고 신뢰성도 있어서 주로 본다고 하고 카드 뉴스는 이미지와 함께 짧은 글로 뉴스를 전달하기 때문에 가독성이 좋아서 많이 본다고 했다. 사실인 줄 알았는데 알고 보니 가짜 뉴스였던 적도 많다고 했다.

예상했지만 요즘 아이들은 뉴스마저도 이미지나 영상이 더 익숙하다는 걸 알 수 있었다. 이미지와 영상 뉴스에 익숙한 아이들에게 뉴스와 카드 뉴스의 기본 개념이나 특징에 대해 설명할 필요가 있어 보여서 각각의 미디어를 비교하여 살펴보고 본인이 직접 겪었던 가짜 뉴스에 대해서도 이야기해보는 시간을 가졌다.

	뉴스(기사문 형식)	카드 뉴스
특징	• 육하원칙 준수 • 글 중심/논리적 • 높은 신뢰성 • 가독성 낮음 • 전문 기자 작성	• 육하원칙 파괴 • 이미지중심/시각적 • 낮은 신뢰성 • 가독성 높음 • 누구나 작성 가능

본격적인 활동에 들어가기 위해 활동지를 나누어 주고 전 시간에 도출한 나만의 정보과제와 관련한 뉴스를 검색해보기로 했다. 뉴스를 카드 뉴스로 제작해야 하므로 카드 뉴스와 영상 뉴스를 제외하고 기사문 형식으로 작성된 뉴스 기사를 검색하도록 했다. 활동지 ②

뉴스 검색에 유용한 사이트로 한국언론진흥재단에서 운영하는 국내 최대의 공공 뉴스 아카이브인 빅카인즈bigkinds.or.kr에 대해 학생들에게 알려주고 검색법을 간단하게 안내했다. 나눠 준 활동지에 기사 제목, 날짜, 보도 분야, 기자 등 뉴스에 대한 기본 정보를 적고 기사문의 내용을 요약해보도록 했다. 또 기사 내용에 대해 다르게 생각하는 부분이나 기사문에 대한 각자의 의견을 써 보면서 뉴스를 분석하고 비판적으로 읽을 수 있도록 지도하였다.

뉴스 검색 및 분석이 끝난 후 카드 뉴스의 대략적인 흐름을 짜기 위해 활동지를 나눠주고 스토리보드를 작성하게 하였다. 카드 뉴스 제작 컷 수는 제한을 두지 않고 7~8컷 내외로 하되 더 많거나 적어도 괜찮으니 자유롭게 제작하도록 하였다. 활동지 ③

스토리보드 작성 후 온라인 디자인 제작도구를 활용한 카드 뉴스 제작에 들어갔다. 카드 뉴스 제작을 어려워하는 아이들에게 카드 뉴스를 쉽게 제작할 수 있는 유용한 사이트로 미리캔버스 miricanvas.com를 알려주고 직접 사이트를 보여주면서 간단한 기능을 알려주었다. 이미지 등은 저작권에 위배되지 않는 무료 이미지를 검색해서 활용하도록 하고 카드 뉴스 제작 시 활용한 뉴스나 관련 자료에 대한 출처를 카드 뉴스에 꼭 표시하도록 안내해주었다.

 TIP 미리캔버스 활용 방법

미리캔버스는 저작권 걱정 없는 무료 디자인 플랫폼으로, 크롬에서 실행할 수 있다. 회원가입 및 로그인 후 사이트에서 제공하는 2만여 개의 다양한 템플릿과 600개 이상의 무료 폰트를 활용해 PPT, 로고, 배너, 카드 뉴스, 유튜브 썸네일, 포스터 등 다양한 목적에 맞게 제작이 가능하다. 조작 방법이 간단해서 포토샵처럼 전문기술이 없어도 기존에 제공된 템플릿을 검색해 '내 마음대로' 편집하면 되므로 누구나 쉽게 디자인이 가능하다. 무엇을 제작할지에 따라서 기본적으로 정해진 크기의 템플릿을 제공하지만 직접 사이즈를 입력하여 크기를 조정하거나 실사출력(가로/세로형)에서 A4, B5 등 용지 크기에 맞추어 선택할 수 있다. 또 편집 도중에도 템플릿을 원하는 사이즈로 자유롭게 변경 가능하다. 요소 검색을 통해 다양한 일러스트나 이미지를 스티커처럼 추가하거나 삭제할 수 있고 텍스트나 표를 추가하거나 문구를 자유롭게 수정할 수 있다. 사진을 선택하면 Pixabay와 연동되어 무료 이미지를 제공한다. 이 외에 내가 가진 이미지를 업로드해 사용할 수도 있다. 제작한 템플릿은 언제든 저장이 가능하고 JPG, PNG, PDF 등 다양한 포맷으로 다운로드하여 활용할 수 있다.

카드 뉴스를 만들고 발표하는 것으로 수업이 끝나게 되면 미디어의 사회적 의미에 대해 느껴볼 수 없으므로 자신이 만들어낸 콘텐츠가 사회에 어떤 영향을 미치는지 직접 소통해보는 기회를 마련하면 좋겠다는 생각이 들었다. 그래서 완성한 카드 뉴스에 관련 주제를 해시태그로 달아 자신이 주로 사용하는 SNS 계정에 올려보고 어떤 반응이 있었는지 다음 시간에 이야기 나누기로 하고 수업을 마무리하였다.

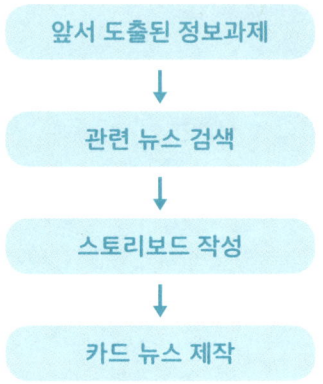

다음은 학생이 실제로 제작한 카드 뉴스이다. '자유학기제가 학생들에게 실질적인 도움을 줄 수 있도록 지속할 수 있는 개선 방안이 있을까?'라는 정보과제를 제시한 학생은 관련 뉴스를 검색하여 스토리보드를 구성한 뒤 카드 뉴스를 제작했다.

* **학생이 제시한 정보과제:** 자유학기제가 학생들에게 실질적으로 도움을 줄 수 있도록 지속할 수 있는 개선 방안이 있을까?
* **관련 뉴스 출처:** 정완영, '세종시교육청, 2021학년부터 중학교 자유학기제 개선키로', 충청일보, 2020.11.10. (오른쪽 QR코드 참고)

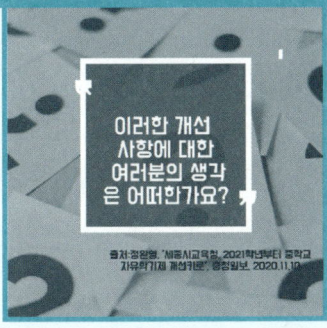

자유학기제에 관해 학생이 제작한 카드 뉴스

학생들이 제작한 카드 뉴스와 SNS 게시 모습

5차시: 카드 뉴스 발표 및 소감 나누기

o

마지막 시간은 Big6 스킬 중 '정보표현과 평가'에 해당하는 단계로 학생들이 만든 카드 뉴스를 발표하고 SNS에 공유해본 소감을 나누는 시간이었다.

아이들은 저마다 다양한 주제로 카드 뉴스를 만들었다. 특히 코로나19에 따른 온라인 수업 장기화로 나타나는 정보 격차, 교육 양극화 등에 관심이 많았고 자유학기제나 미디어 교육에 관심 있는 학생들도 있었다. 학생들이 발표한 카드 뉴스를 보며 감탄이 절로 나왔다. 발표를 통해 아이들이 학교, 공부, 교육과 관련한 다양한 사회 현안에 관심이 있음을 알 수 있었다.

발표가 끝나고 각자 SNS에 카드 뉴스를 게시한 소감을 나누었다. 다음은 가장 인상 깊었던 소감이다.

"사촌 언니가 코로나 때문에 이런 문제가 심각해지는 건 알고 있었지만 그걸 정보 격차라고 부르는지 몰랐는데 제가 스토리에 올린 카드 뉴스를 보고 알게 되었다고 해요. 또 정보 격차라는 해시태그를 보고 어떤 사람이 학교 과제로 정보 격차에 대해 조사하다가 저의 카드 뉴스를 보게 되었고 도움이 되었다고 말해주었어요. 처음에는 반응이 올지도 몰랐고 누군가한테 도움이 될 거라고는 생각도 못 했는데 반응이 와서 정말 보람 있었어요."

이렇게 내가 직접 제작하여 게시한 콘텐츠나 공유한 글, 댓글 등이 다른 사람들에게 영향을 미칠 수 있다는 것에 대해 몇 가지 사례를 가지고 아이들과 조금 더 이야기 나누었다. 가짜 뉴스를 퍼뜨리거나 함부로 댓글을 다는 것이 얼마나 큰 영향을 미치는지 다들 잘 알고 있었고 그 위험성에 대해서도 공감하였다. 그래서 아이들과 함께 생활 속에서 미디어 윤리를 잘 실천할 수 있는 방안으로 무엇이 있을지 이야기 나누고 '슬기로운 미디어 생활수칙'을 정해보았다. 앞으로 미디어 사용에 있어서 함께 정한 수칙을 잘 지키기로 약속한 후 수업을 마무리하였다.

슬기로운 미디어 생활수칙 예시

1. 미디어 속 정보가 사실인지 의견인지 구분하기
2. 어떤 목적으로 미디어가 만들어졌는지 생각하기
3. 미디어 속 외모지상주의 경계하기
4. 스마트폰 현명하게 사용하기
5. 온라인 게임 사용 시간 지키기
6. 가짜 뉴스 경계하기
7. 미디어 공유 신중하게 하기
8. 활용한 미디어는 반드시 출처 밝히기
9. 네티즌으로서 인터넷 에티켓 지키기
10. 개인정보 보호를 위해 노력하기
11. 저작권법 잘 지키기

 수업을 마치며

　뉴스와 카드 뉴스를 활용한 미디어 리터러시 수업을 하면서 미디어 사용에 있어 확연한 세대 차이를 느꼈다. 아이들은 우리가 생각한 것보다 미디어에 훨씬 민감하고 미디어로 소통하는 데 익숙한 세대다. 그래서 미디어를 이해하고 올바르게 사용하도록 하는 미디어 교육이 더 절실하고 중요하다는 생각이 들었다.

　이미지와 영상 뉴스에 익숙한 학생들에게 기사문 형식의 뉴스를 읽고 분석해 새로운 매체인 카드 뉴스로 표현해보는 것은 결코 쉽지만은 않은 활동이었다. 그래도 수업을 마치고 나서는 아이들이 '나도 할 수 있다는 성취감을 맛보았다'고 이야기해주었다. 고등학교 학생들은 카드 뉴스 제작을 개별 활동으로 해도 무리가 없지만 중학교에서 해당 수업을 할 경우에는 처음부터 모둠을 구성해 역할 분담 후 진행하고 카드 뉴스 제작 도구에 대해서도 더 자세하게 가르쳐주는 것이 좋다.

한 가지 아쉬운 점은 수업에서 매체 변환에 너무 초점을 맞추다 보니 '공부'나 '배움'의 의미를 깨닫게 하는 부분에 있어서 다소 부족했다는 것이다. 가볍게 그림책만 읽고 넘어가니 주제에 대한 부분이 약해졌다. 다음에는 이 부분을 보완해서 배움과 관련한 책이나 영화를 함께 보고, 더 깊이 있게 이야기 나눌 수 있는 시간을 마련하면 좋을 것 같다.

'사람은 늙어 죽도록 배운다'는 속담이 있다. 평생학습사회의 도래와 빠르게 변화하는 미디어 환경 속에서 학교도서관이 할 수 있는 것은 무엇일까? 학생들에게 스스로 배움이 일어날 수 있는 미디어 교육의 중심에 학교도서관이 자리 잡길 바란다. 외국에서는 학교도서관이 미디어센터School Library Media Center: SLMC24가 되어 범교육과정으로 정보활용교육을 실시하고 모든 교과가 학교도서관과 연계하여 미디어 리터러시 교육의 중심지 역할을 한다고 한다. 하지만 우리나라는 아직 이 부분에 대해 국가 교육과정 차원에서 논의가 이루어지지 않고 있어 안타까운 마음이다. 가까운 미래에 학교도서관이 미디어센터가 되어 미디어 교육의 중심이 되는 날이 오길 꿈꾼다.

'공부, 학교, 배움'을 다룬 책·영화·드라마

	제목	저자 또는 감독	출판사 또는 제작사
책	공부란 무엇인가	김영민	어크로스
책	공부의 미래	구본권	한겨레 출판사
책	공부의 달인, 호모쿵푸스	고미숙	북드라망
책	가짜 1등 배동구	박철범	다산북스
책	우리가 글을 몰랐지 인생을 몰랐나	권정자 외 19명	남해의 봄날
영화	칠곡가시나들	김재환	단유필름
영화	죽은 시인의 사회	피터 위어	드림팩트 엔터테인먼트
영화	교실 안의 야크	파우 초이닝 도르지	슈아픽처스
드라마	공부의 신	유현기, 윤경아	드라마하우스

수업 활동지 ①

미디어 리터러시 수업 2차시	Big6 스킬 정보문제해결모형 활동지		
Ⅲ. 매체 언어의 탐구와 활용 1. 매체 자료의 수용과 생산	학번		이름
정보 활용 단계	■ 과제 정의 □ 정보탐색전략 수립 □ 정보탐색 및 접근 □ 정보분석 및 활용 □ 종합 및 표현 □ 평가	활용 매체 유형	□ 단행본 　　□ 이미지 □ 잡지 　　　□ 웹툰, 만화 □ 뉴스 기사 　□ 영화 □ 논문 　　　□ 게임 □ 영상 　　　□ 음악 □ 광고 　　　□ 라디오,팟캐스트

1. 공부 키워드 브레인스토밍을 통해 도출한 키워드들 중 나만의 관심 키워드 추리기

2. 관심 키워드로부터 나의 관심 주제를 질문으로 만들기(구체화 및 범위 좁히기)

질문적합성 판단하여 구체화하기

1. 질문이 참신한가
2. 해결 가능한가
3. 광범위하지 않은 세부적인 질문인가

↓

↓

↓

3. 최종 도출된 나만의 정보과제 적기

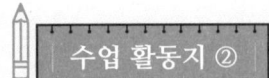
수업 활동지 ②

미디어 리터러시 수업 3차시	Big6 스킬 정보문제해결모형 활동지		
Ⅲ. 매체 언어의 탐구와 활용 1. 매체 자료의 수용과 생산		학번	이름
정보 활용 단계	☐ 과제 정의 ■ 정보탐색전략 수립 ■ 정보탐색 및 접근 ■ 정보분석 및 활용 ☐ 종합 및 표현 ☐ 평가	활용 매체 유형	☐ 단행본　　☐ 이미지 ☐ 잡지　　　☐ 웹툰, 만화 ☐ 뉴스 기사　☐ 영화 ☐ 논문　　　☐ 게임 ☐ 영상　　　☐ 음악 ☐ 광고　　　☐ 라디오, 팟캐스트

빅카인즈 bigkinds.or.kr 또는 자신이 주로 이용하는 플랫폼을 활용해 나의 과제와 관련된 뉴스 기사를 검색해 분석해보자.(단, 영상으로 된 뉴스와 카드 뉴스를 제외하고 기사문 형식으로 작성된 뉴스 기사만 검색할 것)

내가 검색한 기사 정보	언론사: 분야:	보도 날짜: 보도 기자:
	기사 제목:	
	기사 요약:	
	기사문에 대한 나의 생각 또는 비판점:	

수업 활동지 ③

미디어 리터러시 수업 4차시	Big6 스킬 정보문제해결모형 활동지		
Ⅲ. 매체 언어의 탐구와 활용 1. 매체 자료의 수용과 생산		학번	이름
정보 활용 단계	☐ 과제 정의 ☐ 정보탐색전략 수립 ☐ 정보탐색 및 접근 ■ 정보분석 및 활용 ■ 종합 및 표현 ☐ 평가	활용 매체 유형	☐ 단행본 　☐ 이미지 ☐ 잡지　　 ☐ 웹툰, 만화 ☐ 뉴스 기사 ☐ 영화 ☐ 논문　　 ☐ 게임 ☐ 영상　　 ☐ 음악 ☐ 광고　　 ☐ 라디오,팟캐스트

1. 내가 분석한 기사 내용을 카드 뉴스로 표현해보자(스토리보드 작성)
2. 카드 뉴스 제작 툴: 미리캔버스(크롬에서 실행)

영화로 읽는 취미의 힘

수업 학년: 중학교 1학년
수업 시간: 총 5차시
수업 형태: 방과후 수업
미디어: 그림책, 영화
활용 도서: 『웨슬리나라』(폴 플라이쉬만 지음, 케빈 호크스 그림, 비룡소), 『호모 루덴스, 놀이하는 인간을 꿈꾸다』(노명우 지음, 사계절)
참고 도서: 『하고 싶은 일 해, 굶지 않아』(하종강 외 지음, 시사IN북)
관련 교과: 사회 Ⅷ. 문화의 이해, 03. 대중매체와 대중문화

청주중앙중학교 사서교사
박인혜

왜 '취미'인가

　자신이 좋아하는 것을 말할 때의 사람들 모습을 유심히 본 적 있는가? 말이 많아지고 빨라지며 얼굴은 상기되고 최상급의 표현을 써가며 자신이 좋아하는 것들을 소개하고 싶어 한다. 이렇듯 사람들은 자신이 좋아하는 것들을 말할 때 행복해한다. 학교가 제일 싫다고 말하는 아이에게도 요즘 하는 게임에 대해 살짝 아는 척을 하면서 질문하면 눈을 반짝이며 신나서 이야기하고 싶어 한다. 학생들에게 '특별히 한 가지 일에 몰두하고 있는 것이 있는가? 그걸 할 때 어떤 기분이 드는가?' 질문을 던져보았다. '해도 해도 재미있고 졸리지도 않고 그것에 빠져서 헤어나오지 못한다' '행복하고 누가 시키지 않아도 계속 하고 싶다'는 답변이 쏟아졌다.

　그림책 『웨슬리나라』[25]의 웨슬리 또한 그렇다. 웨슬리는 친구들이 좋아하는 피자와 탄산음료에는 관심이 없다. 언제나 새로운 것을 상상하고 재미있는 꿈을 꾼다. 여름방학을 맞이한 웨슬리는 '나만의 문명'을 만드는 계획을 세운다. 작물을 심어서 식량을 저장하고 옷감을 짜고 옷도 지어 입는다. 웨슬리나라만의 문자를 만들어 소통하고 기록한다. 그러자 처음에는 웨슬리를 비웃던 아이들도 호기심을 가지고 웨슬리나라의 시민이 된다. 자신의 신념으로 나라를 만든 웨슬리는 나라의 시민들 앞에서 가장 당당하고 행복해 보인다.

일상의 탈출구를 찾기 위해, 그래서 더욱 건강한 정신을 유지하기 위해 취미는 꼭 필요하다. 특히 청소년 시기에는 '내가 무얼 좋아하고 무엇에 대해 이야기하면 행복한가' 알아가는 단계이다. 게임, 음악 감상, 유튜브 탐방, 걷기, 캠핑… 나를 지속하게 하는 힘으로서의 취미는 여러 가지가 될 수 있다. 이렇듯 취미를 긍정적으로 바라보는 그림책과 영화를 통해 청소년들과 이야기 나누고 싶었다.

어떤 수업에 적용할까

다양한 대중매체와 대중문화의 의미와 특징을 이해하고, 대중문화를 비판적으로 평가하는 태도를 배울 수 있는 사회 교과의 8단원 문화의 이해 중 03. 대중매체와 대중문화 파트를 선택하여 '미디어 비평하기'를 방과후 수업으로 진행하였다.

어떤 미디어를 선택할까

먼저 수업 교재가 될 미디어로는 영화를 선택했다. 평소 영화에 관심이 많아 자신의 관심과 적성을 따라 새로운 길을 개척한 사람들이 나오는 도서 『하고 싶은 일 해, 굶지 않아』[26]에서 모티브를 차용하여 '하고 싶은 일 해, 굶지 않아'라는 타이틀로 컬렉션을 모아본 적이 있다. 이 컬렉션 속의 영화들은 누가 뭐라 해도 자신이 원하는 것을 하는 사람들이 등장한다. 족구에 누구보다 진심인 족구왕, 걷기를 취미로 하여 매일 걷는 걷기왕, 집은 없지만 위스키와 담배는 포기하지 못하는 소공녀가 그 주인공이다. 이 중 한 영화를 소개한다.

좋아하는 것에 진심인 주인공들이 나오는 영화[27]

〈족구왕〉[28] 속 주인공 홍만섭은 '프로 족구러'다. 복학하자마자 테니스장으로 바뀐 족구장을 되찾기 위해 총장과의 대화 시간에 목소리를 높이고, 모두가 취업에 열중할 때 우유 팩으로 족구를 연습한다. 그런데 '퀸카' 안나가 요즘 남자애들 같지 않은 만섭에게 관심을 보인다. 안나의 '썸남'인 '전직 국대 축구선수'인 강민을 족구 한판으로 무릎 꿇린 사건 덕분에 만섭은 '그저 그런 복학생'에서 순식간에 캠퍼스의 '슈퍼 복학생 히어로'가 되고, 취업 준비장으로 변해가던 지루한 캠퍼스에 족구 열풍이 분다. 이러한 열풍의 주인공 만섭, 그를 지속하게 하는 힘은 스스로 좋아하는 것을 계속하는 것이다.

학습 주제 (단원명)	Ⅷ. 문화의 이해 03. 대중매체와 대중문화	지도 학년	중학교 1학년
수업 설계 의도	1. 영화는 가장 현실적이면서도 환상적인 예술로 제작진의 의도와 정치성을 담아 제작되기 쉬운 미디어이며 그 의도를 파악하면서 스스로 해석해보는 것 또한 영화를 더 잘 즐길 수 있는 방법이므로 문화시민으로 성장하기 위해 필요한 수업이라고 생각하였다. 2. 이를 위해 학생들과 방과후 수업의 형태로 진행한다. 미디어 리터러시의 뜻을 같이 공부해보고 영화의 장면을 분석해보며 앞으로 우리가 해야 할 방향에 대한 안내가 이루어지도록 했다. 3. '취미'를 주제로 한 영화 감상을 통해 나 자신의 취미를 더욱 구체적으로 소중하게 받아들일 수 있게 하며 리터러시 능력을 활용하여 그 결과를 다시 영상의 형태로 재생산할 수 있도록 설계하였다.		
학생 활동	1. 영화의 역사, 많이 쓰이는 촬영기법 및 용어를 이해한다. 2. '나 사용설명서' 작성을 하며 나에 대한 탐구의 시간을 가지고 덕후 테스트를 통해 취미에 대해 깊게 생각하고 공유한다. 3. 영화 속 에피소드를 감상하고 비판적으로 바라보고 한 줄 평을 남기며 취미의 존재 가치에 대해 생각해본다. 4. 취미 박람회를 통해 친구들이 서로에게 취미를 주제로 한 인터뷰어와 인터뷰가 되어본다.		

교사 역할	1. 리터러시의 개념 이해 2. 영화의 역사와 촬영기법, 특징 등에 대해 안내한다. 3. 호모데우스, 취미의 존재 이유에 대해 안내한다. 4. 리터러시를 활용하여 영화의 에피소드를 읽어낼 수 있도록 안내한다. 5. 콘티 작성 방법, 영상 편집 방법을 안내한다.

수업 과정

'좋아하는 일에 열정적으로 임하는 주인공'이 나오는 영화를 선택한 후 영화와 영상 미디어에 대한 교육을 시작으로 나의 취미는 무엇인지 살펴보는 자기객관화의 시간을 가진다. 〈족구왕〉의 클립 영상을 감상하며 영화를 분석적으로 읽는 활동을 진행한다. 한 줄 평을 달아보는 활동을 하며 학생 나름의 방식으로 영화를 이해하고 정의 내려본다. 최종 마무리 활동으로 취미 박람회를 개최한다. 인터뷰이와 인터뷰어를 정해 인터뷰이는 내가 좋아하는 것들을 앞에 두고 설명할 준비를 하고 인터뷰어는 답변을 경청하고 질문하여 취미에 대한 인터뷰를 확장해간다. 인터뷰 내용을 영상의 형태로 정리하고자 하는 학생은 활동지를 참고하여 콘티를 그린 후 '키네마스터' 앱을 이용하여 영상 편집을 한다. 인터뷰집의 형태로 정리하고자 하는 학생은 질문과 대답을 편집하여 읽기 편하게 만든다. 모든 결과물은 학교도서관 밴드에 업로드하며 활동을 마무리한다.

1차시: 미디어와 나에 대한 올바른 이해

ㅇ

첫 번째 시간에는 미디어 자체를 이해하기 위해 영화, 영상에 대한 교육을 진행했다. 아버지와 함께 영화 보는 것이 취미라는 지우는 다양한 분야의 영화를 섭렵하고 있었으며, 현실 속에서 일어날 수 없는 것들이 실제처럼 생생하게 표현되는 점이 좋다고 말했다. 반면, 영화 이야기를 꺼내자 말수가 줄어든 근수는 재미있다고 느껴본 영화가 없다고 했다.

영화광인 지우나 '인생 영화'를 아직 찾지 못한 근수에게도 영화 읽기 수업은 필요하다. 영화는 어떻게 감상해야 하는지 이해를 돕기 위해 영화 제대로 읽기 수업을 진행했다. 영화의 서술자는 카메라이기 때문에 감독의 철저한 의도와 배제에 의해 프레임에 담긴 영상만을 볼 수 있으며 카메라가 대상을 보여주는 시간, 멀리서 잡는 장면, 클로즈업 장면, 인물을 촬영하는 각도에도 감독의 연출이 숨어 있음을 이야기했다. 영화 〈기생충〉[29]에서는 '선'과 '계단'이 계층을 의미하며 유리창의 선은 연출상 계층 간의 선을 의미한다. 등장인물이 넘지 말아야 할 선을 넘었음을 나타내고 있다. 이렇듯 숨겨 놓은 감독의 메시지를 찾고 해석하는 작업을 함께 해보았다.

다음 시간을 위해 흔히 쓰는 자기소개서 양식에 취미란을 작성해보고 과제로는 누가 시키지 않아도 한 시간 이상 집중해서 할 수 있는 좋아하는 것으로 가득 채운 '나 사용설명서'를 만들어오도록 안내했다.

2차시: 나를 지탱하는 힘, 취미

○

그림책 『웨슬리나라』를 함께 읽고 이야기를 나누었다. 이상한 아이로 여겨졌던 웨슬리가 어떻게 나라를 만들고 발전시켰는지 과정을 살펴보고 자신의 신념을 가진 사람은 주변의 시선에도 흔들리지 않고 원하는 대로 성장해간다는 사실에 주목했다.

이어서 지난 시간 과제로 내주었던 '나 사용설명서'를 살펴보고 발표하는 시간을 가졌다. 학생들은 자신의 중심 이미지를 가운데에 그리고 돌잡이, 태몽 등 자신의 탄생에 관련된 것에서부터 좋아하는 것과 싫어하는 것 등 호불호에 관한 내용을 작성하는 등 나를 사용하기 위해 필요한 모든 정보를 구체적으로 떠올리며 작성해왔다. 그중 지금도 지속하고 있는 각자의 취미를 소개하고 이야기를 나누었다. '취미와 탈출구를 구체적으로 가지고 있음'의 긍정적인 효과를 느끼며 자연스럽게 취향, 취미에 대한 정의를 내려볼 수 있었다.

도서 『호모 루덴스, 놀이하는 인간을 꿈꾸다』[30]를 인용하여 사람은 원래 '유희의 동물'이라는 것을 살펴보았다. 인간은 본질적으로 놀이를 좋아하며 놀이는 문화의 한 요소가 아니라 문화 그 자체가 놀이의 성격을 가지고 있기 때문이다. '재미있는 것을 좋아하는 것은 본능이다'라는 호모 루덴스의 관점에서 바라볼 수 있는 이슈들도 소개했다. 방송인 유병재를 그림이나 음식물로 독창적으로 표현하여 SNS에 업로드하면 유병재가 직접 수상자를 선정하는 '유병재 그리기 대회'[①]와 '다 때가 있다'라는 문구가 적힌 때수건, '난 너의 든든한 빽'이 적힌 에코백 등 위트 있는 문구가 적힌 상품을 판매하는 쇼핑몰 '배민문방구'[②]는 놀이에서 시작되어 많은 사람들의 사랑을 받았다.

이어서 학생들은 인터넷의 '덕후 테스트'[③]를 통해 나는 어떤 분야의 덕후인지 결과를 공유했다. 또한 특별히 성과가 없더라도 단지 좋아서 하는 취미활동에는 어떤 것이 있고 그것을 할 때 어떤 기분인지, 취미에 대해 탐구하고 이야기 나누는 시간을 가졌다.

활동지 ①

3차시: 영화 읽기

○

세 번째 시간에는 영화 〈족구왕〉의 소개 영상을 함께 보았다. 첫 번째 시간에 배웠던 영화 읽기에 대한 지식(쇼트, 프레임, 미장셴) 등을 영화 장면에 적용해보며 약 10분 분량의 에피소드 클립 영상 2개를 감상했다.

에피소드 1: 군대 족구왕, 복학하다

만섭은 군대 족구왕이었다. 심지어 전역 신고하기 바로 전까지

[①] YTN, 기사, "유병재그리기대회", https://star.ytn.co.kr/_sn/0117_201804051528192308
[②] 배달의 민족, 홈페이지, "배민문방구", https://store.baemin.com/
[③] SK채용공식블로그, 블로그, "덕후기질 테스트", https://www.skcareersjournal.com/40

도 족구를 했을 정도이다. 복학한 만섭은 달라진 캠퍼스 풍경에 놀란다. 족구장은 학생들의 민원 때문에 테니스장으로 바뀌었고 새로 만난 룸메이트 선배 형국은 다짜고짜 "공무원 시험 준비해"라는 말만 반복할 뿐이다. 그런 선배에게 만섭은 "저는 연애하고 싶습니다!"라며 복학 생활에 대한 열정을 불태운다. 과실에 앉아 있어도 후배들은 지나쳐갈 뿐이라 외로워하던 만섭에게 동기인 창호가 나타난다. 둘은 빈 우유 팩에 공기를 넣은 우유 팩 공으로 복도에서 족구를 하며 옛 추억을 떠올린다. 과 사무실에 들러 "왜 족구장이 사라졌나요?" 물어보다가 조교에게 "족구하는 소리하고 있네."라는 비아냥과 함께 총장과의 대화 자리가 열린다는 정보도 얻게 된다.

에피소드 2 : 불어라! 족구 바람

형국은 기숙사로 돌아온 만섭에게 "너 학교에 족구장 만들어달라고 했다며?"라고 묻고, 취업 준비에는 관심 없고 족구에만 열중하는 만섭을 못마땅해한다. 한편 만섭은 영어 교양 시간에 만나 첫눈에 반한 안나와 한 팀이 되었고, 둘은 회화 연습을 위해 영화를 함께 본다. 안나는 족구를 하면 여자들이 싫어한다면서 족구에 열중하는 만섭을 은근히 무시한다. 그러나 "남들이 싫어한다고 해서 좋아하는 것을 숨기는 것은 바보같다."라고 솔직하게 이야기하는 만섭을 바라보는 안나의 표정이 조금씩 달라지기 시작한다.

장면이 바뀌어 체육관 앞에서 족구장 건립 서명운동을 하는 만섭과 족구팀원들. 안나는 어느새 열정적인 만섭 일행을 응원하게 되었다. 이때 안나의 남자친구 강민이 와서 시비를 걸고 만섭은 족구를 한판 하자고 제안한다. 만섭과 강민의 족구 시합은 지나가는 학생들의 걸음을 멈추게 할 만큼 흥미진진하게 전개되고, 그 시합을 촬영한 영상이 교내 학생들에게 퍼져나가게 된다.

 TIP 영화의 주요 장면 고르기

영화 전체를 감상하며 영화 읽기를 하면 가장 좋겠지만 수업 중 진행하기에는 시간 제약이 따를 수밖에 없다. 대신 주요 에피소드를 선별해 보는 방법을 권한다. 에피소드를 선정할 때는 다음의 사항들을 고려하도록 한다.

① 영화의 분위기나 주제 의식을 담고 있는 에피소드
짧은 에피소드라도 학생들이 감상한 후 영화가 말하고자 하는 바와 감독의 의도를 생각할 수 있어야 한다.

② 영화의 연출이 뚜렷하게 드러난 에피소드
영화를 감상하며, 학습했던 영화 연출 지식을 떠올릴 수 있도록 비교적 연출이 뚜렷하게 드러난 에피소드나 장면을 선정한다.

③ 등장인물 중 주인공이 주로 등장하는 에피소드
주인공은 감독이 영화의 주제 의식을 투영하는 캐릭터이므로 주인공이 주로 등장하는 에피소드나 장면으로 선정한다.

영상을 본 후 등장인물은 누가 나오고, 어떤 사건이 펼쳐지며, 인상 깊었던 장면은 무엇인지 살펴보았다. 더 깊게 들어가서 감독이 두 에피소드에서 말하고자 하는 주제는 무엇인지에 대해서도 이야기를 나누었다. 프로 족구러인 만섭이 족구를 하기 위해 노력하는 모습, 선배인 형국이 클로즈업되다가 기숙사 방에 널어놓은 빨래 중에서 캐릭터 팬티에 얼굴이 가려진 장면, 만섭과 대화 중이던 안나의 표정이 시간이 지나면서 변하는 장면 등을 살펴보며 감독이 표현하고자 한 것은 무엇일지 생각해보았다.

영화감독 프랑수아 트뤼포는, 영화를 사랑하는 첫 번째 방법은 좋아하는 영화를 두 번 세 번 보는 것이고, 두 번째 방법은 그 영화에 대한 평을 쓰는 것이며, 마지막 세 번째 방법은 직접 영화를 만드는 것이라고 말한 바 있다.[4] 마치 평론가처럼 다 함께 이 영화의 감상을 한 줄 평으로 남겨보았다. 활동지 ②

이름	별점	한 줄 평
박○경	★★★★	족구 원래 싫어했는데 한 번 보고 싶어졌다.
이○영	★★★☆	좋아하는 것을 숨기지 않는 모습, 행동이 인상 깊었고, 병맛도 들어가서 재미있었다.
배○민	★★★☆	좋아하는 것은 최고의 일이다.
박○우	★★★★	자기가 하고 싶은 건 남의 눈치 보지 말고 하자.
이○지	★★★★	재미와 감동을 넘어 더 생각해볼 주제도 던져준다.
장○아	★★★★	주인공 만섭이가 좋아하는 것을 숨기지 않고 끊임없이 노력하는 모습이 너무 좋다.

---

[4] 프랑수아 트뤼포, 네이버 카페, "프랑수아 트뤼포의 영화광 3가지 법칙", cafe.naver.com/movie02/975558

다음 시간에는 나의 취미를 표현하는 물건과 취미에 필요한 물건들을 가져와서 박람회처럼 펼쳐놓고 설명할 예정이므로 각자 물건들을 가져오도록 안내하며 수업을 마무리했다.

4차시: 우리들의 취미 박람회
○

그림책 『웨슬리나라』와 영화 〈족구왕〉 속 주인공처럼 각자의 취미를 탐색해보는 시간. 왜 이걸 좋아하며 어떻게 하는지 탐구하기 위해 먼저 박람회의 인터뷰이와 인터뷰어를 정했다. 인터뷰이는 내가 좋아하는 것들을 앞에 두고 설명하며, 인터뷰어는 인터뷰이를 찾아가 좋아하는 것에 대해 질문하게 된다. 학생들은 취미가 무엇이며, 주로 언제 그 활동을 즐기며, 왜 그것이 좋은지, 추천하는 이유 등에 대해 구체적으로 이야기를 나눈 뒤, 기록한 내용을 활동지에 간단히 정리했다. 그다음에는 인터뷰어와 인터뷰이의 역할을 바꾸어 다시 인터뷰를 진행했다.

마지막으로 인터뷰했던 친구의 답변 내용을 구체적으로 정리하는 시간을 가졌다. 질문과 대답을 편집하여 매끄럽게 만들고 질문을 추가 수정하는 등 다음 시간에 인터뷰집이나 영상으로 작업할 수 있도록 준비했다. **활동지 ③**

5차시: 다양한 방식의 인터뷰 정리

　인터뷰 내용을 영상의 형태로 정리하는 활동을 선택한 학생들은 먼저 활동지를 참고하여 콘티를 그렸다. 장면의 번호와 촬영할 장면을 글이나 그림으로 표현하고 지문, 대사, 촬영방식을 콘티에 기록했다. 활동지 ④ 휴대폰 카메라로 촬영한 후에는 '키네마스터' 앱을 이용하여 편집하는 과정을 거쳤다. 이때 앞서 배운 영화 지식(롱샷, 클로즈업, 인물의 각도, 미장센) 중 하나 이상을 영상 촬영 또는 편집에 적용해보도록 권했다.

　한편 인터뷰집의 형태를 선택한 학생들은 질문과 대답을 편집하여 읽기 편하게 만들고 부족한 부분은 추가 인터뷰를 해 보완했다. 학생들의 최종 결과물은 모두 인터넷 밴드나 카페 등 우리 학교 도서관 SNS에 올려 공유했다.

취미, 놀이, 좋아하는 것을 꾸준히 하는 것에 관한 책

도서명	저자	출판사
우리들의 비밀놀이 연구소	조유나	사계절
논다는 것	이명석	너머학교
논다는 건 뭘까	김용택	미세기
꽃을 좋아하는 소 페르디난드	먼로 리프, 로버트 로슨	비룡소

수업을 마치며

주변의 시선에 아랑곳하지 않고 취미를 지속해나가는 사람들의 눈은 빛이 난다. 〈족구왕〉의 만섭도, 『웨슬리나라』의 웨슬리도 그렇다. 내가 무얼 좋아하는지 알고 좋아하는 것에 집중하면 삶이 풍요로워진다. 스트레스의 바다에서도 신나게 서핑을 하며 즐길 수 있다.

수업을 통해 작은 장면에서조차 감독의 의도가 숨어 있다는 것을 알게 된 현준이는 인물을 아래에서 찍는 커트 하나, 작은 클로즈업 장면 하나에도 집중하며 "쌤, 저건 인물의 상실감을 나타낸 거죠?" "공이 혼자 화면에서 통통 튀어 다니는 것은 전교에 족구 열풍이 불었다는 것을 상징하는 거죠?"라며 질문 공세를 펼쳤다. 영화가 재미없다던 근수도 "쌤! 저 이런 영화, 좋아요! 이런 영화 더 없을까요?"라며 큰 관심을 보였다. 이번 수업을 통해 자신의 취향을 찾게 된 근수의 성장을 응원하고 싶다. 어떤 취미가 근수의 취향을 저격하여 삶을 채워나갈지 궁금해진다.

학생들은 가장 기억에 남는 대사로 "좋아하는 것을 남들이 싫어한다고 해서 숨기는 것도 바보같다"라는 만섭의 대사를 뽑았다. 이 대사는 우리의 수업을 관통하는 주제이기도 하다. 좋아하는 것 즉, 취미는 나를 지탱하는 힘이 된다는 것을 학생들 모두 느끼게 된 시간이었다.

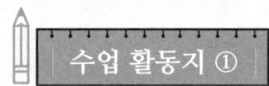
수업 활동지 ①

미디어와 놀자 2차시	영화 X 취미	나는 ○○○ 덕후이다.	
오늘의 활동	· 덕후 테스트 · 나의 취미	학번	이름

✓ **덕후 테스트 (나의 점수 :   )**

내 안에 덕후 있다
덕후 기질 테스트

1. 직접 만드는 것에 흥미를 느낀다.
2. 특정 분야에 대해 10개 이상 경험한 게 있다.
3. 수집에 그치지 않고, 세밀하게 분석하고 조사한다.
4. 무엇이든 하나 붙잡으면 깊이 파는 편이다.
5. 유행을 따르지 않는 편이다.
6. 특정 주제가 이야깃거리로 나오면 들뜬다.
7. 특정한 것을 보거나 듣으면 지나치지 못한다.
8. 취미생활이 일상생활에 지장을 준다.
9. 다른 일을 하다가도 자꾸 그 생각이 난다.
10. 그것에 쓰는 비용이 아깝지 않다.

0개~1개(덕후 기질 0%) 덕후 기질은커녕 취미는 있으신가요?!
혹시 자기 인생이 무료하고 의미가 없다고 생각하는가? 건전한 덕질은 삶에 있어 긍정적인 효과를 얻을 수 있다는 점을 명심하고 나의 열정이 차갑게 식어버린 건 아닌지 되돌아보자.

2개~4개(덕후 기질 50%) 덕후까지 한 단계!
평범한 수준이다. 몰입의 수준은 아닌 단순히 무언가를 좋아하는 정도로 대부분의 사람이 이에 해당한다. 하지만 덕후가 되는 건 순간이라는 점. 몰입 조절을 잘해 전문성을 갖춘 진정한 덕후가 될 수 있도록 하자.

5개~8개(덕후 기질 100%) 건전한 덕후가 되세요!
덕후 기질이 충만한 사람으로 특히 최근 사용되는 덕후의 긍정적 이미지에 해당한다. 전문성을 갖춘 건전한 덕질은 일상 생활에 활기를 불어 넣어주는 효과를 제공할 것이다. 앞으로도 일상생활에 영향을 주지 않는 선에서 지금의 '몰입 단계'를 유지하는 게 관건이다.

9개~10개(덕후 기질 150%) WARNING! 당신은 중독자!
당신의 덕후 기질은 위험한 수준이다. 능동적인 행위인 덕질은 일상생활에 영향을 주지 않는 선에서 자신이 컨트롤을 할 수 있어야 한다. 하지만 당신은 그것에 끌려 다니는 상태로 중독에 훨씬 가까워 대책이 시급하다.

출처: SK 채용 공식 블로그

✓ **여러분도 특별히 한 가지 일에 몰두하고 있는 것이 있나요? 어떤 일에 몰두하고 있나요?**

✓ **위의 활동을 할 때, 어떤 기분이 드나요?**

✓ **특별히 성과가 없더라도 단지 좋아서 하는 취미활동에 대해 어떻게 생각하나요?**

수업 활동지 ②

미디어와 놀자 3차시	영화 X 취미 | 영화 〈족구왕〉 함께 읽기		
오늘의 활동	· 영화 〈족구왕〉 읽기 · 나만의 별점과 한 줄 평	학번	이름

☑ 영화 〈족구왕〉을 감상한 후 첫 번째 에피소드와 두 번째 에피소드의 이야기를 정리해봅시다.

에피소드 1: 군대 족구왕, 복학하다	
등장인물	
사건 정리	
인상 깊은 장면	

에피소드 2: 불어라! 족구 바람	
등장인물	
사건 정리	
인상 깊은 장면	

☑ 영화 〈족구왕〉의 두 에피소드를 하나로 아우르는 주제는 무엇인가요?

☑ 나만의 별점과 한 줄 평 ☆☆☆☆☆

수업 활동지 ③

미디어와 놀자 4차시	영화 X 취미 | 나의 취미 인터뷰		
오늘의 활동	• 취미 인터뷰 • 인터뷰 정리	학번	이름

✓ 친구의 취미를 인터뷰해봅시다. (취미 인터뷰 초안. 반드시 정리된 형태 아니어도 됨)

- 당신의 취미를 소개해주세요.
- 취미 활동을 보통 언제 하나요?
- 왜 좋은가요?
- 어떤 점이 좋은가요?
- 더 이야기하고 싶은 내용은?

✓ 질문과 답변의 형태로 인터뷰를 정리해봅시다.

질문 1	
답변	
질문 1	
답변	
질문 3	
답변	
질문 4	
답변	
질문 5	
답변	

수업 활동지 ④

미디어와 놀자 5차시	영화 × 취미	나의 취미 인터뷰 영상 제작	
오늘의 활동	・콘티 형태로 인터뷰 정리	학번	이름

✓ 영상을 만들기 위해 콘티의 형태로 인터뷰를 정리해봅시다.

번호	촬영 장면(그림)	지문, 대사, 촬영 방식

웹드라마로 읽는 친구 사이

수업 학년: 중학교 2, 3학년
수업 시간: 총 3차시
수업 형태: 창의적 체험활동 동아리 활동
미디어: 웹드라마
활용 도서: 『청소년 마음 시툰: 안녕, 해태 1』(싱고 지음, 창비교육)
관련 교과: 국어 2-2 4-2 매체 바르게 읽기
국어 3-2 1-2 시집 읽고 해석하기

충주예성여자중학교 사서교사
김미옥

청소년에게 가장 소중한 존재

　루시 모드 몽고메리의 소설 『빨강머리 앤』을 보면 매슈가 앤을 위해 모디의 가게에서 사 온 초콜릿 과자를 주는 장면이 나온다. 한꺼번에 다 먹어버리지 않도록 마릴라가 주의를 주자, 앤이 말한다. "오늘 밤에는 딱 하나만 먹을게요, 아주머니. 그리고 반은 다이애나에게 줘도 될까요? 그러면 남는 절반이 훨씬 더 달콤한 맛이 날 것 같아요. 그 애한테 줄 게 있다니 생각만 해도 기뻐요." 앤에게 친구 다이애나는 행복을 주는 존재이며 아끼는 것을 나누어도 전혀 아쉽지 않고 오히려 나눌 수 있는 것에 기쁨을 주는 소중한 존재이다.

　이는 고전 소설 속 주인공에게만 해당하는 이야기가 아니다. 요즘의 청소년도 친구들과의 관계가 긍정적일수록 행복감을 더 느낀다고 한다. 가족 외에 가장 많은 시간을 보내고 어쩌면 가족들보다 더 많은 소통을 하는 친구들과의 관계가 좋지 않다면 청소년의 행복감은 낮아질 수밖에 없다. 친구들과의 관계가 좋고 나쁨에 따라 학교는 즐거운 곳이 되기도 하고 불행한 곳이 되기도 한다. 그러면 요즘 청소년에게 우정이란 어떤 것일까? 하나를 주면 하나를 돌려받는 관계가 아닌, 앤처럼 자신이 아끼는 것을 얼마든지 기쁘게 나눌 수 있는 관계가 요즘 청소년에게도 가능할까?

몸과 마음의 대혼란 시기인 사춘기 시절, 누가 이들의 마음을 가장 잘 알아줄까? 아마 같은 혼란의 소용돌이에 있는 친구들이 아닐까 싶다. 다만 표현이 서툴러 자신의 마음을 제대로 이야기하지 못해 사이가 멀어지기도 하지만 말이다. 이런 마음을 표현하는 연습이 아이들에게는 필요하다. 그래서 학생들이 친구에게 마음을 표현하는 방법을 연습할 수 있는 시간을 주고 싶었다.

어떤 수업에 적용할까

창의적 체험활동 동아리 활동으로 2, 3학년 학생 중 희망자의 신청을 받아 독서 동아리를 운영하였다. 동아리 활동은 학급에서 친한 친구와 함께 동아리를 선택하거나 지난 학년에 친했던 학생들이 같이 상의하여 함께 동아리를 선택하게 된다. 그래서 몇몇 친한 아이들 무리가 동아리 활동의 구성원이 되는 경우가 많다. 그러다 보니 친하지 않은 학생들 간에는 어색한 분위기가 감돌기 마련이다. 이에 서로 편하게 소통하고 친하게 지낼 수 있는 독서 동아리 활동을 위한 수업으로 시와 미디어를 함께 적용한 수업을 구상하게 되었다.

 TIP

> 시와 미디어를 적용한 수업으로 국어과 수업 국어 2-2의 4단원 매체 바르게 읽기와 국어 3-2의 1단원 시집 읽고 해석하기에도 적용 가능하다.

어떤 미디어를 선택할까

독서 동아리 활동 시간이 되면 학생들이 인사보다 먼저 하는 말이 있다. 바로 "오늘은 뭐해요?"이다. 교과 수업과는 다른, 재미있는 활동을 기대하며 동아리 활동 시간을 맞이하는 것이다. 그래서 학생들의 흥미를 끌 수 있는 웹드라마를 적용한 수업을 구상해 보았다.

웹드라마는 온라인 콘텐츠 중의 하나로 학생들의 모바일 이용이 늘어나면서 청소년을 대상으로 다양한 소재의 작품들이 제작되고 있다. 여러 온라인 플랫폼을 통해 이용 가능하며 매회 에피소드를 보여주는 방식으로 회당 재생 시간도 길지 않아 수업에 적절하게 활용할 수 있다. 웹드라마의 원작은 청소년들에게 인기 있는 웹툰인 경우가 많기 때문에 수업 주제와 관련 있는 에피소드를 학생들과 함께 보고 가벼운 토론 소재로도 삼을 수 있다.

이렇게 학생들의 흥미를 유발할 수 있는 다양한 요소들을 지닌 웹드라마를 동아리 활동 시간의 미디어로 선택했다.

학습 주제 (단원명)	웹드라마 속 이야기 시로 표현하기	지도 학년	중학교 2, 3학년
수업 설계 의도	1. 웹드라마의 특성을 살려 학습 주제와 연계한 수업을 전개한다. 2. 학습 주제에 적합한 올바른 미디어 활용 방법을 학생들에게 안내한다. 3. 시-웹드라마-시를 연계한 수업으로 설계한다. 4. 웹드라마 속 청소년들의 모습에 대한 감상을 자신의 경험과 연관 지어 시로 표현할 수 있도록 한다.		
학생 활동	1. 학습 주제와 관련된 주제의 시를 찾아 읽는다. 2. 짝을 이루어 시를 함께 읽고 시에 대한 감상을 발표한다. 3. 학습 주제와 관련된 웹드라마를 보고 내용을 파악하여 감상을 시로 표현한다. 4. 친구를 대하는 올바른 태도와 진정한 우정의 가치에 대해 생각해본다.		
교사 역할	1. 학습 주제와 관련된 시와 시집을 준비한다. 2. 웹드라마 청소년 사용 실태 및 올바른 활용법에 대해 안내한다. 3. 감상을 시로 표현하는 방법에 대해 안내한다.		

수업
과정

친구를 주제로 한 시를 함께 읽은 다음, 같은 주제의 웹드라마를 보고 다시 그 감상을 시로 표현하는 수업으로 구성했다. 웹드라마 속 등장인물들의 이야기와 자신의 이야기를 비교해보고 이에 대한 느낌과 생각을 좀 더 자세히 들여다볼 수 있게 하였다. 그리고 이를 글로 표현하는 방법도 함께 연습할 수 있도록 하였다. 아직 서툰 것이 많아 연습이 필요한 학생들에게 유익한 시간이 되길 바라며 수업을 시작했다.

1차시: 시로 친해지기

o

일반적으로 동아리 활동 시간에는 여러 반에서 모인 아이들이 친한 친구들과 짝을 이루어 앉게 된다. 그래서 평소 친하지 않은 친구들과 함께 하는 활동을 통해 서로를 조금이라도 알게 될 수 있는 시간을 가져보기로 했다.

이해인의 「한 그루의 우정 나무를 위해」, 김광섭의 「우정」, 신경숙의 「보고 싶은 친구에게」 등 친구와 관련된 시를 학생 수의 3분의 1만큼 선별하고 3부씩 복사하여 내용이 보이지 않게 접어 불투명 통에 담아 두었다. 학생들에게 활동 학습지를 나누어 준 후 통에 있는 시를 하나씩 뽑게 하고 같은 시를 가진 친구들을 찾게 하였다. 활동지 ① 처음에 머뭇거리던 학생들은 시를 들고 다니면서 같은 시를 가진 친구들을 찾기 시작했다. 서로 짝을 찾은 학생들은 학습지를 작성하기 위해 이야기를 나누었다. 평소 알고 지내던 친구도 있었지만 활동을 통해 처음 이야기를 나누게 된 학생들도 있었다.

학습지에 같은 시를 함께 낭송해보라는 활동을 넣었는데 이걸 꼭 해야 하냐고 묻는 학생이 있었다. 서로 쑥스럽고 어색하겠지만 천천히 같이 제목부터 읽어 보라고 하였다. 함께 한다는 것이 중요하니 잘하지 못해도 괜찮다고 이야기해주었다. 그러자 질문을 했던 학생이 "하나, 둘 시작!" 신호를 했고 세 명이 함께 시를 읽기 시작했다. 서로 읽는 속도를 맞춰가며 시를 읽기 시작하자 옆의 다른 시를 가진 학생들도 함께 시를 읽었다. 다른 악기들이 모여 훌륭한 음악을 연주하는 오케스트라가 연상될 만큼 시 읽는 소리가 참 듣기 좋았다. 처음엔 눈치만 보며 먼저 이야기를 꺼내기도 어려워하던 학생들이 함께 시를 읽고 감상을 나누면서 시에 담긴 친구의 의미와 소중함을 생각해보는 계기가 된 시간이었다.

2차시: 웹드라마에서 우리들의 이야기 찾기

○

웹드라마를 보기에 앞서 학생들에게 웹드라마를 본 후 감상을 시로 표현하는 활동을 할 것임을 미리 안내하고 웹드라마에 대해 이야기를 나누었다. 학생들은 대부분 웹드라마를 본 경험이 있다고 했다. 좋아하는 아이돌이 나와서 보게 되었다는 학생도 있었고 재미있게 봤던 웹툰이 웹드라마로 제작되어 보고 있다는 학생도 있었다. 웹드라마에 대한 정보는 어떻게 얻냐는 질문에 SNS를 통해 추천되는 것을 보게 되었다고 이야기하는 학생들이 많았다.

웹드라마를 보지 않는다는 학생도 있었는데 그 이유를 물으니 대부분 로맨스 중심이라 내용이 마음에 들지 않는다고 했다. 근래에 들어 다양한 주제를 담은 웹드라마가 제작되고 있기는 하지만 청소년을 대상으로 하는 웹드라마의 경우 아직은 소재가 한정적임을 학생들도 인식하고 있었다.

학생들에게 웹드라마 시청 시 주의할 점에 대해 이야기했는데 그중 하나는 광고에 대한 것이었다. 웹드라마의 경우 기업체에서 광고를 목적으로 웹드라마를 제작하는 경우가 많기 때문에 내용 속 숨겨진 광고를 파악할 필요가 있음을 알려주었다.

함께 감상한 웹드라마는 고등학생들의 우정과 성장 이야기를 담은 〈소녀의 세계〉 에피소드 중 한 편이다. 〈소녀의 세계〉는 모랑지 작가의 동명 웹툰이 원작인 12부작 드라마로, 이미 웹툰으로 봐서 내용을 알고 있는 학생들도 있었다. 웹드라마 시청 후 지난 시간 같은 시로 만난 학생들이 함께 이야기 나누고 학습지를 작성하도록 했다. 활동지 ② 함께 활동하면서 친숙해진 학생들은 공감이 되는 웹드라마의 내용을 바탕으로 자연스럽게 감상을 이야기했다. 웹드라마의 내용을 계기로 친구들 사이에서 한 번쯤 해보았을 고민과 학교생활에서 느끼는 곤란함에 대해 소통하는 모습을 볼 수 있었다.

학생들에게 웹드라마의 내용 중 기억에 남는 장면을 물었다. 늘 동아리 활동에 적극적인 3학년 설은이는 좋아하는 친구를 위해 다른 친구에게 상처를 입히던 장면을 꼽으며 친구를 위한다고 한 행동이 결코 친구를 위하는 게 아닐 수도 있다는 생각이 들었다고 답했다. 누가 봐도 친구가 잘못했는데 나와 더 친하다는 이유로 편을 들어 주다가 다른 친구에게 피해를 준 경험을 말하면서 그때 자신의 행동이 옳지 않았다는 것을 다시 한번 깨닫게 되었다고 하였다.

웹드라마의 이야기 속에서 자신들의 모습을 발견하고 친구들 사이에서 실제의 나는 어떤 모습인지 비교하며 이야기하는 학생들을 보면서 그들에게 친구란 삶의 커다란 자리를 차지하는 존재임을 알 수 있었다.

 TIP 청소년의 우정과 사랑을 소재로 한 웹드라마 추천

〈에이틴 시즌 1, 2〉(2018-2019), 〈다시 만난 너〉(2019), 〈언어의 온도: 우리의 열아홉〉(2020)

3차시: 웹드라마 시로 표현하기

○

웹드라마를 보고 친구들과 감상을 이야기한 후 그것을 다시 시로 표현하는 수업을 진행하였다. 활동에 대한 예시로 학생들에게 싱고 작가의 『청소년 마음 시툰: 안녕, 해태 1』의 「내 건 검은색에 흰 줄, 네 건 하늘색에 흰 줄」 부분을 읽게 하였다. 친해지기

시작한 두 소녀가 실내화로 공통점을 찾은 후 그 실내화를 한 짝씩 바꿔 신고 서로 더 가까워진 것 같아 기뻐하는 내용을 담은 이야기로, 복효근의 시 「절친」을 만화로 표현한 것이다. 1차시에 친구들과 함께 시를 읽고 활동을 통해 친해진 학생들은 이 이야기에 공감이 되었는지 활동 내용에 더욱 집중하는 모습을 보였다.

그러나 막상 시로 표현하는 것은 막막해하거나 힘들어하는 학생들이 많았다. 시가 어려우면 친구에게 편지를 쓰듯이 편하게 하고 싶은 이야기를 써도 된다고 이야기하였다. 그리고 생각나는 문구가 있으면 절대로 지우개로 지우지 말고 적어 두었다가 정리하도록 안내하였다.

학생들은 진지한 태도로 제목을 정하고 시를 쓰기 시작했다. 여기저기서 연습용 종이를 더 달라고 손을 들었다. 웹드라마의 내용을 바탕으로 자기 생각을 글로, 그것도 시로 표현하는 것이 익숙하지 않음에도 학생들은 열심히 떠오르는 글을 적었다. 자신의 고민을 담아 적절한 비유로 시를 쓴 학생들도 있었고, 웹드라마 제목 다섯 글자로 다섯 줄의 짧은 오행시를 쓰거나 시 대신 친구에게 편지를 쓴 학생도 있었다.

시 쓰기를 마친 후 자신이 지은 시를 친구들에게 발표하는 시간을 가졌다. 시 발표가 끝날 때마다 학생들은 글에 담긴 친구들의 마음에 공감하며 열심히 박수를 보냈다.

학생들에게 소중하고 학교생활에 큰 힘이 되는 존재가 친구라는 것은 알고 있었지만 이렇게 수업을 통해 이야기 나누고 생각을 글로 표현해보는 시간을 가진 것은 처음이었다. 학생들이 평소 친하지 않던 친구들과도 친밀감을 가지고 더 많은 친구와 즐거운 학교생활을 하게 되길 바라는 마음으로 수업을 진행하였다. 특히

온라인 수업이 증가하고 학생들의 외부활동에 제약이 생겨 학생들이 손꼽아 기다리는 수련회, 체험학습, 수학여행이 모두 취소되고 친구들과 개인적으로 어울릴 시간도 줄어들면서 이번 수업이 학생들에게 친구의 의미에 대해 되새겨보는 의미 있는 시간이 되었다고 생각한다.

수업을 마친 후 쉬는 시간, 시집을 대출하려는 은지에게 수업이 어땠는지 묻자 이렇게 대답했다.

"작년에 영인이랑 같은 반이었는데 이 수업 하면서 처음 제대로 이야기를 나누었어요. 저랑 공통점이 의외로 많더라구요. 그런데 다음 동아리 시간엔 뭐 해요?"

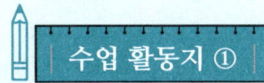

수업 활동지 ①

미디어 리터러시 수업 1차시 | **웹드라마로 읽는 '친구 사이'**

시로 친해지기   학번   이름

☑ 나와 같은 시를 가진 친구에 대해 알아봅시다.

1. 친구의 이름은? _____

친구의 혈액형	
친구의 생일	
친구가 좋아하는 아티스트	
친구에게 궁금한 것 ( )	* 친구에게 궁금한 점을 질문하여 봅시다.

2. 친구의 이름은? _____

친구의 혈액형	
친구의 생일	
친구가 좋아하는 아티스트	
친구에게 궁금한 것 ( )	* 친구에게 궁금한 점을 질문하여 봅시다.

☑ 우리를 만나게 해준 시에 대해 알아봅시다.

1. 시의 제목과 지은이

2. 가장 마음에 와닿는 구절을 적어봅시다.

3. 시에 대한 짧은 감상평을 써봅시다.

4. 친구들과 한목소리로 시를 읽어봅시다.

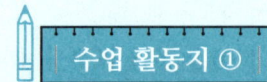

수업 활동지 ①

미디어 리터러시 수업 2차시	웹드라마로 읽는 '친구 사이'
웹드라마에서 '우리들의 이야기' 찾기	학번 　　　　　 이름

✓ 웹드라마에 대해 알아봅시다.

웹드라마란?	
웹드라마를 보는 이유	
웹드라마의 장단점	장점	
	단점	
웹드라마를 제작한다면 만들고 싶은 내용	

✓ 웹드라마의 내용을 정리하고 친구들과 이야기 나누어봅시다.

1. 웹드라마의 제목

2. 웹드라마의 인물 구조도를 그려봅시다.

3. 웹드라마의 내용과 나의 경험을 연관 지어 감상을 이야기해봅시다.

뮤직비디오로 읽는 사랑의 모습

수업 학년: 중학교 2학년
수업 시간: 총 4차시
수업 형태: 교과연계 도서관 활용수업
미디어: 뮤직비디오, 개인 방송
참고 도서: 『사랑의 기술』(에리히 프롬 지음, 문예출판사),
　　　　　　『사랑을 물어봐도 되나요?』(이남석 지음, 사계절)
관련 교과: 도덕① 3-1. 내가 사랑하는 성과 사랑의 의미
　　　　　　미술② 6. 매체의 이해

청주 양청중학교 사서교사

심하나

사랑의 다양한 모습

토론토대학 교수인 존 알란 리에 따르면 세상 모든 사랑의 요소는 세 가지로, 그 세 가지가 적절하게 섞여 다양한 사랑이 만들어진다고 했다. 정열적 사랑, 유희적 사랑, 우애적 사랑이 그것이다.

정열적 사랑은 상대에게 깊이 빠져드는 사랑으로, 이를 표현한 문학작품으로는 윌리엄 셰익스피어의 『로미오와 줄리엣』이 대표적이다. 몬테규가의 로미오와 캐플릿가의 줄리엣은 서로 첫눈에 반해 사랑하게 되지만 두 가문의 싸움에 휘말려 비극적 죽음을 맞이한다. 죽음으로써 두 가문은 화해를 이루고 비로소 두 남녀의 사랑이 완성됐다고 할 수 있다.

유희적 사랑은 그저 쾌락적인 사랑으로 정열적인 사랑과 다르게 한 사람에게 만족하지 않고 양다리 걸치기도 마다하지 않는 사랑이다. 피에르 쇼데를로 드 라클로가 쓴 소설 『위험한 관계』 속 주인공 발몽은 사랑을 쉽게 생각하는 인물로 엄청난 바람둥이다. 그러다 내기처럼 시작된 순수한 트루벨 여인과의 사랑으로 인해 마지막엔 진정한 사랑의 의미를 깨닫지만 트루벨 여인과 사랑을 완성하지는 못한다.

우애적 사랑은 동반자적 사랑으로 친밀감과 헌신이 결합된 사랑이다. 괴테의 『젊은 베르테르의 슬픔』에서 샤로테는 베르테르에게 우정 이상의 감정을 느끼지 못한다. 절망한 베르테르는 상심해한다. 그리고 비극적 죽음을 맞이한다. 우정의 모습을 띠었을 뿐, 샤로테는 분명 베르테르를 사랑했다는 점에서 베르테르의 죽음이 더욱 안타깝게 다가온다.

이러한 정열적 사랑, 유희적 사랑, 우애적 사랑이 어떻게 결합되느냐에 따라 사랑은 다양한 모습을 보여준다. 너무나 다채롭게 펼쳐지는 사랑의 여러 형태에 대해 아이들과 이야기를 나누고 싶었다. '내가 생각하는 사랑이란?'을 주제로 말이다.

어떤 수업에 적용할까

우리 학교 도덕 선생님은 평소 즐거운 수업, 참신한 수업에 대해 관심이 많아 도덕 수업에 토론, 글쓰기, 놀이 등 다양한 수업모형을 적용해왔다. 도덕 선생님에게 미디어 리터러시를 교과에 적용해보자고 제안하자 흔쾌히 뜻을 같이했다. 관련 교과 단원은 도덕① Ⅱ. 타인과의 관계 중 3. 성윤리 단원 '내가 생각하는 성과 사랑의 의미는 무엇일까'이다.

어떤 미디어를 선택할까

먼저 수업 교재가 될 미디어로는 뮤직비디오를 선택했다. 이유는 두 가지다. 첫째, 오늘날 청소년에게 가장 친숙한 미디어이기 때문이다. 언제 어디서든 접할 수 있고 거부감이 없는 미디어이므로 책이나 다른 미디어에 비해 진입장벽이 매우 낮다. 둘째, 뮤직비디오에는 다양한 서사가 있다. 학생들이 자신의 취향에 맞는 뮤직비디오를 선택할 수 있다는 장점이 있다.

사실 이러한 이유에 앞서 뮤직비디오에 관심을 갖게 해준 학생이 있었다. 음악을 좋아하는 한결이는 하교 후 학원 두 곳을 들러 10시는 되어야 집에 온다. 매일 똑같은 패턴, 파김치마냥 폭삭 주저앉고 싶을 정도로 힘든 하루지만 한결이는 음악이 있어 그래도 견딜 만하다고 말하곤 했다. 좋아하는 가수의 곡과 퍼포먼스를 분석하는 시간이 가장 행복하단다. 한결이뿐 아니라 수많은 학생이 유튜브에 접속해 가수들의 뮤직비디오나 관련 콘텐츠를 보고 또 본다. 입고 있는 패션이 화제가 되고 뮤직비디오를 찍은 장소가 다음 날 아침이면 유명 관광지가 되어 있다.

이렇듯 음악 산업이 변하고 있다. 그 산업의 가장 큰 소비자층이라고 할 수 있는 청소년들에게 뮤직비디오를 '읽는' 것에 대해 생각해볼 기회를 주고 싶었다. 그러기에 가장 공통의 관심사이자 주제는 '사랑'이다.

학습 주제 (단원명)	Ⅱ. 타인과의 관계 3. 성윤리-01. 내가 생각하는 성과 사랑의 의미	지도 학년	중학교 2학년
수업 설계 의도	1. 뮤직비디오는 현 청소년 세대에 맞는 미디어로 대중 미디어에 노출된 청소년기에 영상에 대한 올바른 시각을 갖는 것이 필요하다. 2. '사랑'을 주제로 한 뮤직비디오 감상을 통해 사랑의 다양한 감정과 형태를 이해하게끔 하고 그것을 말과 글로 나타내고, 이를 다 같이 공유하는 과정을 통해 생각의 틀을 깨게끔 수업을 구상한다.		
학생 활동	1. 뮤직비디오의 역사와 특징, 역할에 대해 이해한다. 2. 친구들에게 소개하고 싶은 뮤직비디오 한 편을 골라 공간 분석 및 가사와의 연관성, 주제 등을 파악한다. 3. 뮤직비디오 속 몇 부분의 장면을 통해 '사랑'을 나름대로 정의해보고 사랑의 가치와 의미를 생각해본다.		
교사 역할	1. 리터러시의 개념을 이해하도록 지도한다. 2. 뮤직비디오의 역사와 기능, 현재 사회에서의 의미 등에 대해 안내한다. 3. 장르별 뮤직비디오의 특징을 안내한다. 4. 장면 분석 및 맥락을 이해하는 리터러시가 이루어질 수 있도록 안내한다.		

수업 과정

먼저 '사랑'을 주제로 한 뮤직비디오 감상을 통해 사랑의 다양한 감정과 형태를 이해한 뒤, 그것을 말과 글로 나타내고, 이를 다 같이 공유하는 과정을 통해 생각의 틀을 깨게끔 4차시 수업으로 구성했다. 이 과정을 통해 미디어 리터러시의 개념과 뮤직비디오의 매체 특성을 이해한 아이들은 친구들에게 소개하고 싶은 뮤직비디오 한 편을 골라 장면 분석, 가사와의 연관성 등을 파악해보면서 '사랑'에 관한 나름의 정의와 의미를 생각해보게 된다.

1차시: 사랑의 다양한 의미

○

인간에게 사랑은 가장 근원적인 감정이다. 인간의 희로애락(기쁨과 노여움, 슬픔과 즐거움)이 모두 사랑과 연결되어 있기 때문이다. 사랑이라는 주제에 대해 학생들이 어떻게 생각하고 있는지 궁금했다. 청소년기는 신체적, 정신적으로 급격히 성장하고 성숙해지는 시기로 사랑을 향한 호기심과 관심이 증가하는 때이기도 하다. 그러나 막상 청소년들은 사랑의 문제 앞에서 혼란스러워하고 때로는 헤매기도 한다. 자신의 감정을 명확히 정의 내리기도 힘들고 여태까지 겪어보지 못한 감정의 소용돌이에 중심을 잡지 못하는 것은 어쩌면 당연한 일이다.

미국 심리학자 스턴버그Sternberg, R.가 제시한 '사랑의 삼각형' 모형을 보면 사랑은 친밀감, 열정, 헌신의 세 가지 요소와 관련이 깊다. 세 가지 요소가 어떻게 조합되는지에 따라 사랑은 다양한 형태로 나타난다. 즉, 사랑의 모습에는 정답이 없다는 것이다. 모두 제각각 다르게 사랑을 정의하고 경험한다. 물론 세 가지 요소가 적절하게 조화를 이루면 비로소 성숙한 사랑이라 말할 수 있을 것이다.

에리히 프롬은 『사랑의 기술』을 통해 본래 사랑은 특정 사람 즉 대상이 아니라 세계 전체와의 관계를 결정하는 태도라고 했다. 한 사람을 참으로 사랑한다면 모든 사람을 사랑하고 세계를 사랑하고 삶을 사랑하게 된다는 것이다.

청소년이 사랑의 의미를 바르게 이해하는 것은 중요하다. 성숙한 사랑을 한다는 건 타인을 이해하고 정서적 교감을 나누는 것이다. 이것은 곧 인간적 성장과 성숙을 얘기하기 때문이다.

1차시는 도덕 선생님이 사랑의 다양한 의미를 이해하는 내용으로 수업을 진행했다. '내가 생각하는 사랑은 ＿＿＿＿이다.'라는 질문에 아이들은 '내 모든 것', '나를 지탱하는 힘', '돈보다 소중한 것', '공부보다 어려운 것' 등 다양한 답을 내놨다. 뒤이어 청소년기의 사랑을 바르게 이해해야 하는 까닭에 대해서도 진솔하게 이야기를 나누는 시간을 가졌다.

2차시: 미디어 이해하기
ㅇ

두 번째 시간에는 미디어 자체를 올바로 이해하기 위해 뮤직비디오의 역사와 특성에 대한 교육을 중점으로 진행했다. 1980년대부터 2020년까지 마이클 잭슨, 서태지와 아이들, 방탄소년단 등 가수들의 대표 뮤직비디오를 함께 감상하면서 뮤직비디오의 변천 과정에 대해 이야기를 나누었다.

학생들은 특히 부모님 세대에 보았을 예전의 뮤직비디오에 큰 관심을 보였다. 서태지와 아이들의 「컴백홈」 뮤직비디오를 시청한 후에는 뮤직비디오가 사회적으로 큰 반향을 일으켰다는 사실에 놀라워했다. 당시 가출해 방황하던 아이들이 그 뮤직비디오를 보고 집으로 돌아갔다는 뉴스 영상도 함께 보았다. 학생들은 뮤직비디오가 단순히 가수들의 노래 홍보뿐 아니라 사회적으로 메시지를 전달하는 중요한 역할을 할 수 있다는 사실을 깨달았다.

뮤직비디오를 수업의 교재로 활용해서인지 수업 중에 졸거나 딴짓을 하는 아이들은 없었으며, 특정 가수의 뮤직비디오가 나올 때는 두 눈을 반짝이며 귀를 기울이기도 했다.

3차시: 뮤직비디오를 왜 읽어야 할까

○

세 번째 시간에는 우리가 뮤직비디오를 왜 읽어야 하는지에 대한 이해에 집중했다. 도서관을 스스로 찾아오는 아이들은 덜하지만 그렇지 않은 대다수의 아이들이 하나같이 하는 말이 있다. "쌤! 대체 책을 왜 읽는 건가요?"이다. 십수 년을 사서교사로 일하면서 그렇게 물어오는 아이들에게 이렇게 대답하곤 한다. "네가 겪어보지 못한 인생이 궁금하지 않아?"

뮤직비디오 리터러시도 그렇게 접근했다. "네가 경험해보지 못한 사랑 이야기를 한번 찾아보자!" 또는 "네가 만약 그 뮤직비디오 속 주인공이라면 너는 어떻게 할래?"라고 말이다.

뮤직비디오를 읽는다는 건 뮤직비디오 속 공간과 음악, 노랫말의 상징을 찾아내는 과정이다. 아이들이 생각하는 사랑의 의미를 뮤직비디오 속 특정한 장면과 구도에서 찾아 해석할 수 있도록 유도했다. 예시로 성시경의 「난 좋아」(2011년 발표) 뮤직비디오를 함께 보며 설명해주었다.

> 이 뮤직비디오의 공간적 배경은 홍콩이다. 홍콩으로 여행을 온 듯한 여자와 홍콩에서 일하는 남자는 예전에 서로 사랑했던 사이다. 홍콩 여기저기에서 둘은 사랑을 속삭이며 소중한 추억을 많이 쌓은 듯하다.
>
> 그러나 둘은 현재 헤어졌다는 걸 알 수 있다. 뮤직비디오 등장부터 여자가 울고 있기 때문이다. 예전 연인과 함께 거닐었던 홍콩의 거리를 홀로 다니던 그녀는 계속 손에 들고 있던 수정을 바다에 던져버린다. 마지막 추억을 던짐으로써 미련을 버리려는 듯하다.
>
> 홍콩에서 택시를 몰며 가이드 일을 하는 남자는 관광객들 사진을 찍어주다 예전 생각이 나서 한참 멍하니 서 있기 일쑤다. 그도 그녀처럼 수정을 손에 쥐고 있는데, 어느 날 그녀와 마찬가지로 바다에 수정을 버린다.

뮤직비디오 말미에 둘은 홍콩의 어느 거리에서 마주친다. 남자의 손에 여전히 들려 있는 수정을 보여주며 뮤직비디오는 끝난다. 이후 둘은 어떻게 될까? 남자가 차마 버리지 못한 수정이 그 답이 아닐까?

설명이 끝난 후 아이들에게 과제를 주었다. 각자 원하는 뮤직비디오를 골라 음악과 함께 영상을 천천히 감상한 후 나름대로 '사랑'을 정의해보고 사랑의 가치와 의미를 소개할 수 있는 장면을 골라오게 했다. **활동지 ①**

4차시: 내가 읽은 뮤직비디오 속 '사랑'

○

각자 뮤직비디오를 보고 해석한 내용을 발표하는 시간. 가장 인상적인 발표를 한 아이는 유현이다. 유현이는 뮤직비디오 중 한 장면, 기찻길을 사이에 두고 마주 선 남녀의 모습을 이렇게 표현했다.

"기찻길은 평행선이다. 저 둘은 이별했고 다시는 보지 못할 것이다. 안타깝지만 사랑은 언젠가 평행선을 마주할 수밖에 없는 때가 온다. 내가 지금 그렇다. 그러나 나는 단련될 것이다. 사랑을 앞으로 계속하려면…."

발표가 끝나자 반 아이들은 유현이에게 환호를 보냈다. 다른 건 모르겠지만 사랑을 하면 할수록 마음이 튼튼해지는 것은 사실이다. 그런 점에서 나 역시 유현이에게 응원을 보냈다.

아이들과 함께한 뮤직비디오 읽기 시간은 사랑에 대해 서로의 생각을 들어볼 수 있는 시간이 되었다. 아이들은 각자 다른 방식으로 사랑을 이해하고 있었고 자신만의 방법으로 사랑을 정의하기도 했다. 다음은 아이들이 발표한 내용의 일부이다.

뮤직비디오	어느 장면이 와 닿았을까
「이런 엔딩」 (아이유)	여주인공과 남주인공이 줄에 묶여 서로의 첫 만남과 데이트 장면을 보고 있다. 그들의 좋았던 시절, 즉 연애하던 모습을 보여준 것 같은데 영화가 끝나면 스크린이 꺼지듯 지난날의 회상 장면이 끝나면 여주인공과 남주인공도 이별할 것 같다. 사랑은 처음이 있다면 끝이 있다. 그래도 사람들은 사랑하고 싶어 한다.
「이 소설의 끝을 다시 써 보려 해」 (한동근)	여주인공과 남주인공은 이별했지만 나중에 우연히 다시 만난다. 그러나 또 같은 이유로 헤어질 것이라는 걸 예감하듯 둘은 눈물을 흘린다.
「우주를 줄게」 (볼빨간 사춘기)	여자가 창틀에 앉아 설레는 행복한 표정을 짓고 있다. 사랑에 빠지면 그 사람을 생각하는 것만으로도 행복하다.
「LOVESICK GIRLS」 (블랙핑크)	여주인공이 '너와 나는 영원하다'라는 글이 도배되어 있는 차를 운전하다 사고가 난 후 차 안에서 예전 남자친구와 싸웠던 지난날을 기억한다. 하지만 그때 나오는 노랫말은 '매년 아파도 외치는 LOVE'. 사랑은 매번 여주인공에게 상처를 주지만 그녀는 그럼에도 늘 사랑을 갈구한다.
「벚꽃엔딩」 (버스커버스커)	남주인공과 여주인공이 벚꽃나무 밑에서 노래를 부르는 장면에서 갑자기 주변 분위기가 화사해진다. 사랑이란 사랑하는 사람뿐 아니라 그 주변도 아름답게 보이는 마술 같은 것이다.

미술 시간에 이어진 미디어 표현 수업

ㅇ

미디어로 표현하기 수업은 3학년 미술 시간에 진행했다. 뮤직비디오 리터러시 수업을 두 개의 교과와 동시에 진행한 셈이다. 도덕 시간에는 사랑을 주제로 한 뮤직비디오를 보고 그 안에 사랑이 어떻게 표현되었는지 찾아보았으며 미술 시간에는 뮤직비디오 한 편을 자세히 보고 색채 분석과 공간 사용, 카메라 시점 이동 등 뮤직비디오 전반을 세세하게 보는 방법을 익혔다.

아이들은 수업 과제로 영화, 게임, 드라마 등 미디어를 분석하는 유튜버들의 영상을 살펴보았으며, 각자 '뮤직비디오 읽어주는 유튜버'가 되어 친구들에게 뮤직비디오를 소개하는 시간을 가졌다.

평소 힙합에 관심이 많은 현준이는 가수 비와이의 「나의 땅」 뮤직비디오를 친구들에게 소개했다. 「나의 땅」은 독립운동가들에게 헌정하는 노래로 역사학자가 꿈인 현준이가 제일 좋아하는 노래다. 현준이는 이 뮤직비디오를 소개하면서 우리나라 독립운동사도 친구들에게 알려주었다.

이처럼 이 수업의 핵심은 '음악(노랫말)과 영상의 연관성', 그리고 '음악적 배경' 혹은 '가수의 아이덴티티'를 아이들 스스로 찾아보고 그 내용을 효과적으로 전달하는 것이었다. 미술 시간에 이미 브이로그 촬영과 발표 수업을 해봤던지라 아이들은 능숙하게 과제를 수행했다.

 **TIP 뮤직비디오 읽어주는 영상 제작**

뮤직비디오 읽어주는 영상 제작은 무료로 사용 가능한 블로VLLO나 멸치Melchi 앱을 활용했다. 스마트폰으로 영상 촬영 후 해당 앱으로 간편하게 편집할 수 있으며 자막 넣기, 배경음악 삽입, 특수효과 추가도 가능하다. 좀 더 고급 버전을 사용하려면 일정 금액을 지불해야 하는데 유료 회원 가입으로 다양한 서비스를 이용할 수 있다.

수업을 마치며

우선 영상에 친숙한 세대인 만큼 아이들은 이 수업 자체를 즐겼으며 과제 또한 거부감 없이 잘 수행했다. 온종일 과제를 한다는 핑계로 뮤직비디오를 당당하게 볼 수 있어 좋았다는 아이들도 많았다. 나 역시 이 수업을 통해 우리 아이들이 생각보다 훨씬 더 성숙하다는 걸 깨달았다. 마냥 어리다고 여겼지만 나름대로 사랑에 대한 확고한 가치관을 가지고 있었던 셈이다.

그러나 이 수업은 아이들에게 사랑을 바라보는 시각이 올바른지에 대한 질문은 하지 못했다. 차후 보강한다면 가치 판단에 대한 부분을 추가하고자 한다. 또한 사랑하면서 겪게 될 다양한 감정 변화나 상황에 따른 감정의 변화에 대처하는 방법에 대한 이야기를 자유롭게 나누는 시간을 갖고자 한다.

이 수업을 준비하면서 다수의 뮤직비디오를 감상했다. 가사와 맞지 않은 폭력적이고 선정적인 장면이 즐비했다. 영상이 곧 언어로 표현되는 뮤직비디오는 보는 즉시 머릿속에 각인이 된다. 뮤직비디오에서 창출된 이미지가 얼마나 위험한가. 아이들이 무분별적으로 수용할까 우려된다. 해당 뮤직비디오의 영상이 표현의 자유를 빙자한 고정관념이나 차별 등 왜곡된 표현을 담고 있지는 않은지 살펴볼 필요가 있다. 아이들에게 사랑을 주제로 한 뮤직비디오를 감상하게 한 후 뮤직비디오 속 성 고정관념, 성차별, 성적 대상화 등에 대한 이야기를 나누고 바로잡을 방법에 대해 이야기를 나누는 시간을 통해 우리 아이들이 문화를 향유함에 있어 객관적인 시선을 유지할 수 있기를 바랄 뿐이다. 그것은 문화소비자로서 당연한 권리다.

뮤직비디오에서 찾은 사랑의 정의에 대한 발표

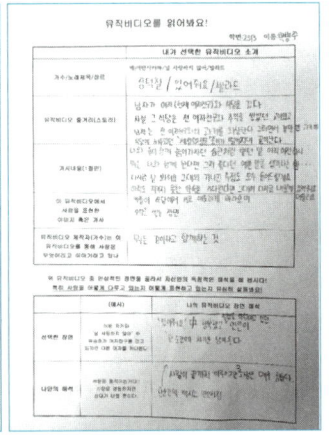
학생 활동지

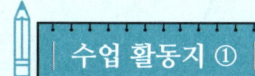
수업 활동지 ①

학번 / 이름	나의 생각
뮤직비디오를 즐겨보는 이유	
뮤직비디오를 만나는 플랫폼	☐방송 ☐유튜브 ☐SNS ☐기타
내가 즐겨 듣는 음악 장르	☐발라드 ☐록 ☐댄스 ☐트로트 ☐클래식 ☐기타
내가 고른 노래 가수 / 제목 / 장르	예: 어반자카파 / 널 사랑하지 않아 / 발라드
가사 내용(1절만)	
뮤직비디오 줄거리(스토리)	
이 뮤직비디오에서 사랑을 표현한 가사	

뮤직비디오 제작자(가수)는 이 뮤직비디오를 통해 사랑은 무엇이라고 이야기하고 있을까요?	

✅ 내가 고른 뮤직비디오 중 인상적인 두 장면을 골라서 자신만의 독창적인 해석을 해봅시다! 특히 사랑을 어떻게 다루고 있는지, 어떤 점이 와 닿았는지 유심히 살펴봐요!

	첫 번째 장면	두 번째 장면
내가 고른 장면		
사랑을 어떻게 다루고 있나요? 어떤 점이 와 닿았나요?		

방송으로 접하는 혐오 표현

수업 학년: 중학교 1학년
수업 시간: 총 4차시
수업 형태: 교과연계 도서관 활용수업
미디어: TV 방송, 포스터
활용 도서: 『왜요, 그 말이 어때서요?』(김청연 지음, 동녘)
관련 교과: 국어 1-1. 4.갈등을 넘어 소통으로 (2) 배려하며 말하기

청주 가경중학교 사서교사

정경진

왜 '언어'인가

　독일의 철학자 마르틴 하이데거(1889-1976)는 "언어는 존재의 집이다."라고 말했다. 나의 겉모습은 상대의 눈에 보이는 실체이지만, 언어를 통해 내가 더 명징하게 보일 때가 있다. 내가 쓰는 말이 곧 나의 존재를 말해준다니! 과연 나는 어떤 집을 지으며 살고 있을까?

　쉬는 시간이면 복도는 각 반에서 쏟아져 나오는 학생들의 소리로 시끌시끌하다. 학생들이 무슨 말을 하는지 가만히 들어보면 욕설이 섞인 비하와 비난의 말들이 난무하여 듣기 거북할 때가 있다. 타인의 말을 귀담아 들어주고 공감하며 위로해줄 수 있는 아름다운 대화는 어디로 갔을까? 세계에서 가장 우수하다고 인정받는 한글이 왜 이렇게밖에 쓰일 수 없을까? 내가 하는 말이 나의 생각과 사상, 나의 존재를 말해준다면 내 입에서 나오는 말들이 어떤 의미를 지니는지, 누군가에게 상처를 주는 것은 아닌지 생각하며 사용해야 하지 않을까?

안타깝게도 우리는 타인에 대한 배려가 부족한 말, 타인에게 상처를 주는 말을 쉽게 내뱉는 사람들을 온·오프라인에서 자주 볼 수 있다. 왜 이런 차별적 혐오 표현이 난무하는 것일까? 이전까지의 혐오 표현이 오직 소수자만을 향한 것이었다면 이제는 세대, 성별, 계급, 거주 지역, 외모, 정치 성향, 직업까지도 혐오 표현의 대상이 된 것으로 보인다. 극도로 혐오한다는 의미인 '극혐'이란 말도 유행을 탄 지 오래다. 정상과 비정상의 기준이 무엇일까? 우리가 생각하는 장애가 세상 모든 사회에서 통용되는 장애일까? 『걸리버 여행기』를 떠올려보자. 장애인만 모여 사는 세상에서는 우리가 생각하는 비장애인이 장애인으로 여겨지지 않을까?

사람은 모두 생김새가 다르다. 일란성 쌍둥이조차도 완전히 똑같지 않다. 이렇게 세상에는 저마다 다른 사람들이 모여 살고 있는데, 어떤 기준 하나를 정해 두고 그 기준에서 조금이라도 벗어나면 마치 뭔가 모자란 것처럼 구분 짓기를 하거나 비하, 차별, 혐오의 표현을 하는 것에 대해 이제는 생각해봐야 한다. 우리가 사용하는 단어의 뜻을 알고 언어 민감성을 갖는 우리 학생들이 되기를 바라는 마음에 학생들과 이야기를 나누어보고 싶었다.

어떤 수업에 적용할까

우리가 일상적으로 사용하는 언어, 그중 상대방의 입장을 고려해야 하는 차별적 혐오 표현을 어느 수업에 녹여낼 수 있을까 살펴보다가 국어 1학년 교과서에서 관련 단원을 찾을 수 있었다. 국어 선생님과 협의하여 국어 1-1의 '4. 갈등을 넘어 소통으로 (2) 배려하며 말하기' 단원을 도서관 활용 교과연계 수업으로 진행하였다.

어떤 미디어를 선택할까

수업 교재가 될 미디어로 TV 방송을 선택했다. 소셜미디어가 발달한 뉴미디어 시대를 살아가는 청소년들이라 텔레비전을 많이 시청하지 않을 것 같지만 「10대 청소년 미디어 이용 조사(2019)」

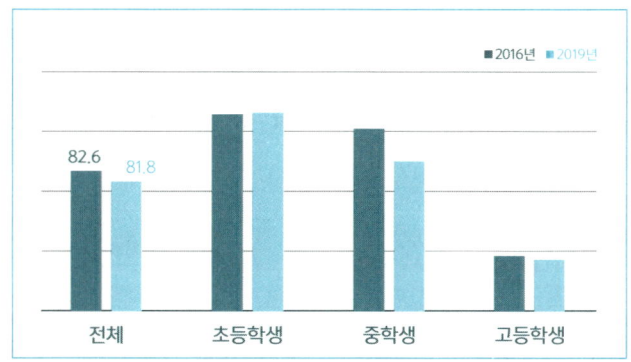

[표1] 텔레비전 이용률

결과에 따르면 10대 청소년들의 텔레비전 이용률은 81.8%로 여전히 높은 것으로 밝혀졌다.(표1) 텔레비전을 시청하는 학생들의 시청 시간은 2016년 조사 결과보다 5.7분 증가했다.(표2)

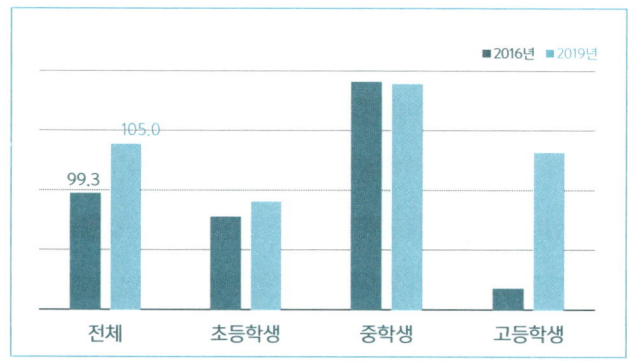

[표2] 텔레비전 시청 시간

청소년이 주로 시청하는 텔레비전 프로그램은 예능 프로그램, 뉴스/시사보도, 드라마, 애니메이션, 스포츠, 교육/교양 순이었다.[31]

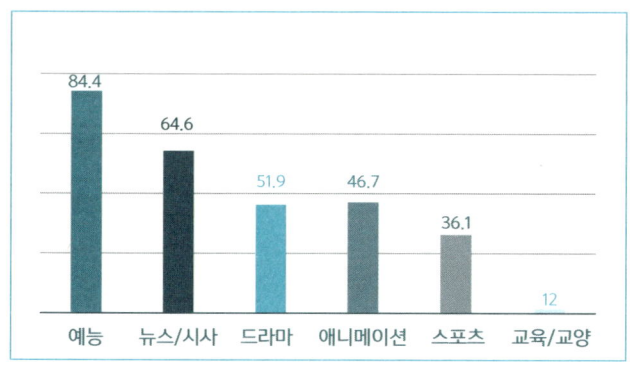

[표3] 청소년이 주로 시청하는 프로그램

그중 청소년들이 가장 좋아하는 프로그램인 예능 프로그램을 보면 가끔 정도를 벗어나는 언어와 몸 개그가 방송되는 것을 볼 수 있다. 개그 코너에서 '여자는 살림하는 그 자체가 운동이야'라는 말이 아무렇지 않게 나오고, 관찰 예능 프로그램에서는 운동 잘하는 여자 배우를 보며 남자 출연자들이 자존심 상해하는 반응을 보인다. 드라마도 마찬가지이다. '국민 아버지'라고도 불리는 배우는 극 중에서 "여자는 그저 이쁘다 이쁘다 해줘야 좋아해"라는 말을 아무렇지 않게 한다. 〈태양의 후예〉 속 유시진 대위는 "남자답게 반띵!"을 외친다. 반띵과 남자다운 게 무슨 상관이 있단 말인가?

최근 YTN 뉴스에서 보육교사들이 장애 아이를 집단 학대했다는 뉴스를 보도하며 '장애를 앓고 있는'이라는 표현을 사용하였다. '앓다'라는 단어는 병에 걸려 고통을 겪는 것을 의미한다. 장애는 질병이 아니며, 장애인들은 장애로 인해 고통에 빠져 있는 사람들이 아니다. 무심코 쓰는 '장애를 앓다'라는 표현은 장애에 대해 갖고 있는 편견을 보여준다. 국정감사 중에 국회의원이 '절름발이 정책'이라는 발언을 하는 모습이 TV 뉴스에 방영되어 사회적 논란이 된 적도 있다. '절름발이'는 한쪽 다리가 짧거나 다쳐서 걷거나 뛸 때 몸이 한쪽으로 기우뚱거리는 사람을 낮잡아 이르는 말이다. 장애인을 비하하는 말에서 비롯된 '절름발이 정책' 역시 사용하지 말아야 할 언어이다. 최근 지역방송에서는 성차별적 혐오 발언인 '미망인 명예수당'이란 단어를 사용하였다. 2017년 국립국어원에서는 표준국어대사전에 수록된 '미망인未亡人'의 뜻을 수정하였다. '아직 따라 죽지 못한 사람이란 뜻으로, 남편이 죽고 홀로 남은 여자를 이르는 말'이라고 정의하였던 것을 '남편을 여읜 여자'로 뜻풀이를 수정하면서 다른 사람이 당사자를 미망인이라고 부르는 것은 실례가 된다'라는 각주를 달았다. 다른 예시로 뉴스에 언급된 혐오 표현은 다름 아닌 '처녀작'이다. 처녀작處女作은 처음으로 지었거나 발표한 작품을 일컫는다. 이는 여성의 순결을 강조하는 사고방식에서 온 성차별적 표현이다. 처녀작이란 단어를 학생들에게 말해주면 '총각작도 있어요?'라고 되묻곤 한다.

이렇듯 TV 방송 프로그램에는 여전히 수많은 차별적 혐오 표현이 사용되고 있다. TV 방송을 통해 우리가 습득하는 말과 생각, 사상을 청소년들이 무의식적으로 수용하지 않고 객관적으로 분별하여 언어 민감성을 갖춘 지성인으로 성장하기 바라는 마음에서 이번 수업의 미디어로 TV 방송을 선택하였다.

학습 주제 (단원명)	국어①-① 4. 갈등을 넘어 소통으로 (2)배려하며 말하기	지도 학년	중학교 1학년
수업 설계 의도	1. TV 방송에 사용되고 있는 차별적 혐오 표현을 비판적으로 살펴본다. 2. 차별적 혐오 표현의 원인과 문제점을 깨닫고 대체 언어로 바꾸어보며 바른 언어를 사용하도록 지도한다. 3. 혐오 표현 금지 포스터(4컷 만화)를 제작하고 SNS에 게시하여 인터넷 친구들에게 혐오 표현에 대해 생각해볼 기회를 제공한다.		
학생 활동	1. 혐오 표현의 개념을 이해한다. 2. 차별 언어의 대체 언어를 생각해본다. 3. 혐오 표현 금지 포스터(4컷 만화)를 제작하여 SNS에 게시한다.		
교사 역할	1. 혐오 표현의 개념을 안내한다. 2. 혐오 표현의 발생 원인과 문제점을 설명한다. 3. 대체 언어를 생각할 수 있도록 지도한다. 4. 혐오 표현 금지 포스터(4컷 만화) 제작 후 SNS 게시를 지도한다.		

수업 과정

이번 수업은 차별적 혐오 표현의 개념에 대해 알아보고 우리가 일상적으로 자주 접하고 있는 방송에 사용되는 다양한 사례를 찾아보고자 하였다. 우리가 의식하지 못하고 사용해온 차별적 혐오 표현의 문제점을 깨닫고 대체 언어로 바꾸어보는 생각의 시간을 가졌다. 또 혐오 표현 금지 포스터(4컷 만화)를 제작하여 SNS에 게시하여 인터넷 친구들에게 혐오 표현의 문제점을 알리고 차별과 혐오 표현을 사용하지 않도록 안내하였다. 우리 학생들이 서로 인정하고 존중하는 건전한 사회문화를 조성할 수 있도록 수업하였다.

1차시: 혐오 표현 알아보기

ㅇ

국가인권위원회는 혐오 표현을 '성별, 장애, 종교, 나이, 출신 지역, 인종 등 특정한 속성을 이유로 그러한 속성을 가진 개인이나 집단에 대하여 모욕, 비하, 멸시, 위협 또는 그 개인이나 집단에 대한 차별은 당연하거나 필요하다고 부추기는 말이나 행동'으로 정의했다. 이해하기 쉽게 '편견을 가지고 특정 집단을 부정적인 이미지로 일반화하거나 불쾌감을 나타내는 표현'이라고 알려주며 학생들과 함께 영상 하나를 시청했다.

고려대학교교육방송국 KUBS,
"나만 불편해? 이젠 이렇게 대처하자! 혐오표현 대처방법"

　평범한 일상을 담고 있는 영상을 보던 중 일부 모둠에서 주인공을 향하여 "프로불편러 아냐?" "저게 뭐 어때서?" "진지충이네."라는 이야기들이 속속 들려왔다. 영상을 다 본 후 "너희들을 '급식충'이라고 부를 때 듣는 너희들의 기분은 어떠니?"라고 물었다. 그러자 학생들이 "기분 나빠요" "짜증 나요" 등의 반응을 보였다. "이 영상에 소개된 결정장애라는 말을 듣는 장애인들도 너희와 같은 심정일 거야."라고 말하자 교실 분위기가 사뭇 달라지는 게 느껴졌다. 적어도 차별적 혐오 표현의 문제점을 생각해보는 계기는 된 듯했다.

　분위기가 한결 누그러진 가운데 책『왜요, 그 말이 어때서요?』속에 있는 만화를 학생들에게 보여주며 'ㅇㅇㅇ에 들어갈 말을 맞혀보는' 놀이를 진행하였다. 학생들이 흥미롭게 정답을 고민하며 잘 찾아주었다. 우리가 찾아낸 차별적 혐오 표현들은 크게 5가지 분야(학교/학력, 나이, 장애 비하, 성 고정관념, 사회/경제적 지위)로 나누어볼 수 있었다.

　준비한 텔레비전 방송에 나온 차별적 혐오 표현 영상을 보여주며 학생들이 혐오 표현에 대해 다양하게 생각해볼 수 있는 시간을 가졌다. 그리고 학생들이 그동안 무의식적으로 사용했던 단어들의 속뜻을 찾아 확인해보고 자신이 경험했던 혐오 표현을 포스트잇에 적어 교실 앞에 게시한 주제별 종이 위에 붙이도록 안내하였다.

2차시: 혐오 표현 경험 공유하고 대체어 찾기

○

두 번째 시간에는 학생들이 경험한(직접 말하거나 들었던) 혐오 표현을 갤러리 워크 방식으로 공유하고 분야별로 대표적인 혐오 표현들을 읽어주어 학생들의 공감을 얻었다. 같은 성性으로 구성된 반이라 성 고정관념 부분에서는 이견이 없었지만, 나이에 관해서는 "동생이니까 양보해" "첫째니까 양보해"라는 말이 차별 언어라며 동시에 게시되기도 했다.

활동지를 나눠주고, 자신이 경험한 혐오 표현이나 친구들이 경험한 혐오 표현 중에 가장 기억에 남는 표현을 활동지에 분야별로 1개 이상 작성하도록 안내하였다. 활동지 작성 중 '벙어리장갑'이 혐오 표현이라는 말에 한 학생이 "원래부터 그렇게 사용했는데 그럼 이제 어떻게 해요?"라고 질문했다. 이에 다음과 같이 답해주며 대체어를 찾아보는 활동으로 자연스럽게 이어갔다. "말은 사회 구성원 간의 약속에 의해 만들어지고 사용되는 거예요. 누군가 벙어리장갑이라고 부르기 시작했고 그래서 이름이 벙어리장갑이 된 것이에요. 이해되죠? 이제, 언어 민감성을 가진 우리가 차별적 혐오 표현인 벙어리장갑에 새로운 이름을 지어줄까요? 벙어리장갑의 대체어로는 어떤 단어가 어울릴까요?"

활동지에 기록한 차별적 혐오 표현 중에서 차별 언어를 찾아내어 대체어로 바꾸어보는 개별 활동을 마친 후에는 다른 친구들이 생각해낸 대체어를 모둠별로 공유하고 그중 함께 나누면 좋을 것 같은 대체어 5개를 선정하여 모둠별로 발표하는 시간을 가졌다. 활동지 ①

3~4차시: 혐오 표현 금지 포스터 만들어 SNS 공유하기

○

이번 시간에는 사람들이 차별적 혐오 표현을 사용하지 않도록 안내하는 포스터(4컷 만화) 만들기를 진행하였다. 수업 주제에 충분히 공감한 덕분에 학생들이 적극적으로 활동에 참여하였다. 두 명이 한 팀을 이루어 포스터로 표현하는 활동을 했는데 대부분 적극적으로 의견을 나누며 포스터를 완성해갔다. 차별적 혐오 표현의 문제점을 인식하고 혐오 표현 금지를 포스터에 잘 담아내고자 팀원들과 브레인스토밍하며 더 좋은 결과물을 만들려고 애쓰는 학생들이 대견스러웠다.

기존 수업의 경우 표현하고 발표하기, 그리고 평가로 수업을 마무리 지었는데, 이번 수업은 미디어 리터러시 수업인 만큼 마무리도 미디어로 진행하였다. 3차시를 시작하며 포스터로 표현하기 활동을 설명하고 결과물을 SNS에 게시할 것을 공지하였더니 학생들이 평소보다 더 적극적으로 참여하는 모습을 볼 수 있었다. 휴대폰을 언제 나누어줄 것인지 궁금해하는 학생도 있었다. 4차시 종료 20분 전에 휴대폰을 나누어주고 본인 SNS 계정에 우리 팀이 표현한 혐오 표현 금지 포스터(4컷 만화)를 게시하여 인터넷 지인들에게 차별적 혐오 표현에 대해 알리고 함께 캠페인에 동참할 수 있게 독려하도록 안내하였다. 결과는 대성공이었다! 학생들이 본인 계정에 올려야 된다는 부담감에 작품의 완성도를 위해 마지막까지 신경 쓰는 책임감 있는 모습을 보여주었으며 본인의 작품을 게시하고 주변 반응을 살펴보는 것도 흥미로워하였다.

포스터 발표

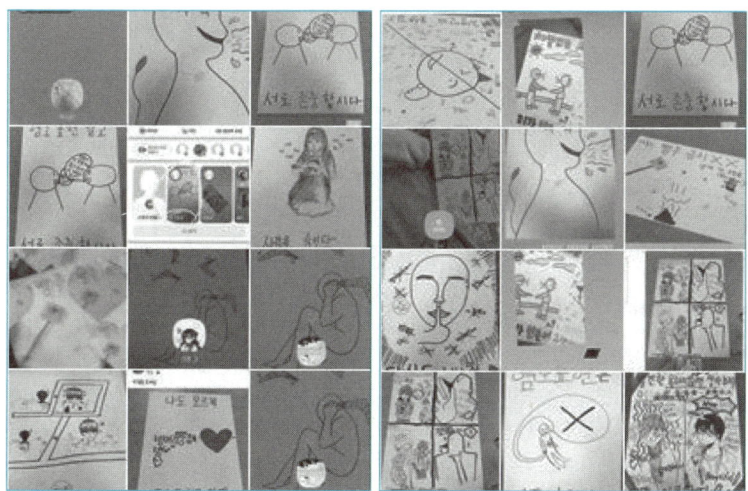

SNS 게시 모습

수업을 마치며

　사회적 동물인 인간은 언어를 통해 삶을 이루고 세상을 배운다. 어느 철학자의 말처럼 꿀벌은 밀랍으로 자기 세계를 짓지만, 인간은 말로써, 개념들로써 자기 삶을 만들고 세계를 짓는다. 우리가 사용하는 언어와 우리가 형성한 개념들이 우리의 삶이고 우리의 세계이다. 또 이것이 우리 삶과 세계의 한계이다. 따라서 삶을 가꾸고 세계를 변화시키는 일은 항상 우리말과 개념을 바꾸는 일에서 시작하고 또 그것으로 귀결된다.

　이 수업은 『왜요, 그 말이 어때서요?』라는 책에서 시작되었다. 우리가 무의식적으로 사용하는 단어는 때로 비수가 되어 타인에게 상처를 주기도 한다. 일상생활에서 사용하는 차별적 혐오 표현이 "농담으로 한 이야기"나 "남들도 다 쓰는 말"이라는 변명으로 용인되기에는 당사자에게 큰 상처가 될 수 있다는 것을 학생들이 생각해보는 계기를 마련해주고 싶었다. 차별하기 위해 고의로 사용한 것은 아니지만, 부지불식간 누군가를 차별하는 언어가 될 수 있다는 것을 항상 유념하며 나의 언어의 집을 아름답게 가꿔 나가는 우리가 되었으면 한다.

수업 활동지 ①

국어 1-4-2 〈배려하며 말하기〉	국어–도서관 활용수업		
혐오 표현 알아보기	학번		이름

『왜요, 그 말이 어때서요?』 책 소개

"틀딱, 가사를 절다, 명품 몸매, 흑형, 다문화, 지잡대, 사내놈, 주인아줌마, 벙어리장갑……. 자기도 모르게 무심히 내뱉고, 익숙하게 듣게 되는 일상 속 차별의 언어들을 들여다보고 그 의미와 속뜻을 알아 가는 흥미로운 언어 탐구서. 장난삼아, 악의 없이, 그냥 습관적으로 쓰는 평범한 표현처럼 보이지만 누군가에게 상처가 되고 칼이 되는 말들을 숨은그림찾기 하듯 일상의 다양한 장면을 통해 쏙쏙 찾아내면서 청소년들이 바르고 단단한 언어 감수성을 기를 수 있도록 이끈다." (출처: 출판사 제공 책소개)

"차별을 받았다"거나 "다른 사람을 차별했다"고 느낀 경험 나누기 (분야별로 하나씩)

① 학교/학력	
② 사회/경제적 지위	
③ 성 고정관념	
④ 나이	
⑤ 장애 비하	

"차별 언어"를 "대체 언어"로 바꿔보기

차별의 언어		대체 언어
①	⇒	
②	⇒	
③	⇒	
④	⇒	
⑤	⇒	

공익광고로 읽는 가족의 소중함

수업 학년: 고등학교 1, 2학년
수업 시간: 총 5차시(매 90분)
수업 형태: 방과후 수업
미디어: 공익광고, 책, 팟캐스트
활용 도서: 『나는 두 집에 살아요』(마리안 드 스멧 글, 닌케 탈스마 그림, 두레아이들)
관련 교과: 고등학교 기술가정 Ⅰ. 인간발달과 가족 관계 02. 행복한 가족 관계
중학교 기술가정 2 Ⅰ. 가족의 이해-변화하는 가족

충주여자고등학교 사서교사
김선미

좋지 아니한 家

　가족은 사회를 이루는 가장 작은 집단이다. 현재 우리 사회에는 다양한 형태의 가족이 존재한다. 가족의 구성 원인이나 형태는 다양하지만 가족 구성원으로부터 많은 영향을 주고받는다는 것은 누구나 인정하는 사실이다.

　청소년기 아이들에게 가족은 어떤 의미일까? 청소년기를 흔히 질풍노도의 시기라고 한다. 심리적 이유기[1]에 있기 때문이다. 독립하고 싶어 하지만 독립된 행동에 따르는 책임감이나 경제적 능력이 갖추어져 있지 않기 때문에 한편으로는 부모나 보호자에게 의존하고 싶어 하기도 한다. 또 자아 정체감을 형성하는 시기여서 부모나 타인에게 인정받고 싶어 한다. 이 모든 것은 독립을

---

[1] 성인의 보호·감독·간섭으로부터 벗어나 독립하려는 심리적 경향을 보이는 시기.

위한 자연스러운 과정이지만 이런 양가감정[2]의 소용돌이 속에 놓여 있는 청소년들은 사춘기에 접어들어 가족에게 예민하게 굴기도 하고 거리감을 두며 말수가 줄어들기도 한다. 또 친구 관계나 학업에서 오는 스트레스를 가족에게 표출하기도 한다.

그렇다면 우리 청소년들은 가족과 얼마의 시간을 함께 보내면서 대화를 나누고 있을까? 최근 한 지역신문에 올라온 기사가 눈길을 끈다. '○○도민 가족 간 평균 대화 시간 30분 미만 47.2% -가족 만족도는 7.85점, 대화시간 높아질수록 만족도 커'라는 제목의 이 기사에서 흥미로운 점은 가족 만족도가 5점 이하인 가족들의 불만족 이유다. 불만족 이유 1위는 '의사소통 문제'였으며, 그 외에 경제적 어려움, 가족 간 무관심, 가족에게 받는 소외감 등이 언급되었다. 또 한 가지 주목할 점은 가족 간 대화를 방해하는 요소로 가장 높게 나타난 것이 TV, 컴퓨터, 스마트폰 등 미디어 사용이라는 점이다. 이 기사에서 보듯 미디어가 가족 간 소통 단절의 주요 원인이 되고 있음을 알 수 있다.

하지만 미디어가 소통 단절의 원인이기만 할까? 이런 물음에서 시작해 미디어와 친숙한 청소년들이 미디어로 가족과 적극적으로 소통하면 어떨까 하는 생각이 들었다. 미디어가 가족 간 대화를 방해하는 요인이기도 하지만 반대로 미디어를 활용한 수업을 통해 학생들과 함께 가족의 의미를 생각해보고 미디어를 가족 소통의 수단으로 활용해보고 싶었다.

---

[2] 상호 대립되거나 상호 모순되는 두 가지 감정이 공존하는 상태.

수업 준비

어떤 수업에 적용할까

    미디어 리터러시에 관심 있는 고등학교 1, 2학년 학생들을 대상으로 학교도서관에서 방과후 수업 형태로 진행하였다. 교과 속 가족을 다루는 단원에서 교과연계 협력수업으로도 가능하다. 또한 공익광고나 팟캐스트를 다루기 때문에 국어, 음악, 사회과 등이 함께 창의융합프로젝트 수업으로 진행한다면 훨씬 유의미한 수업이 될 것이다.

어떤 미디어를 선택할까

    수업에서 다룰 주요 미디어로 공익광고, 책, 팟캐스트를 선택하였다. 공익광고 포스터는 이미지가 주는 상징성이 굉장히 강하기 때문에 함축적으로 의미를 잘 전달할 뿐만 아니라 가족과 관련한 다양한 주제(가족 소통, 아동학대, 가정폭력, 고독사 문제 등)를 다루고 있기에 가족의 의미에 대해 생각해보는 미디어 수업에 적용하기 적합한 매체라고 판단했다. '가족'이라는 주제를 이야기로 풀어낸 책은 공익광고와 팟캐스트 사이에 징검다리 역할을 할 수 있는 탁월한 매체라고 생각했다. 팟캐스트는 뉴미디어 중 하나로 제작 방법만 익혀두면 언제든 활용할 수 있으므로 학생들과 함께 다뤄볼 필요가 있다고 보았다.

팟캐스트Podcast는 애플 아이팟Pod과 방송Broadcast이 합쳐진 단어로 신문을 구독하듯 인터넷을 통해 다양한 콘텐츠를 구독하는 서비스다. 녹음-편집-배포과정을 통해 누구나 쉽게 만들어 올릴 수 있고 이를 원하는 사람이 구독할 수 있어 개인주문방송Personal On Demand broadcast으로도 불린다. 방송 시간에 맞춰 들어야 하는 기존의 공중파 라디오 방송과 달리 구독만 해놓으면 자동으로 업데이트되는 콘텐츠를 들을 수 있어 편리하다. 국내에서 〈나는 꼼수다〉로 널리 알려지기 시작한 팟캐스트는 유튜브만큼 많은 사람들이 이용하는 미디어는 아니지만 뚜렷한 마니아층을 형성하고 있는 것이 특징이다. 스마트폰만 있으면 누구나 쉽게 제작하고 구독할 수 있는 인터넷 라디오방송국인 팟캐스트를 학생들과 함께 만들고 진행해보면 흥미로울 것 같아 주요 미디어로 선정했다.

학습 주제 (단원명)	고등학교 기술가정 Ⅰ 인간발달과 가족 관계 02. 행복한 가족 관계	지도 학년	고등학교 1, 2학년
수업 설계 의도	1. 다양한 미디어로 '가족'의 의미에 대해 생각해 볼 수 있는 기회를 마련한다. 2. 공익광고와 책을 읽고 팟캐스트라는 새로운 매체로 창조하는 수업 전반의 과정을 통해 미디어 리터러시 실천 능력을 함양한다. 3. 가족에 대한 사랑을 표현하는 수단으로 미디어를 적극적으로 활용한다.		
학생 활동	1. 공익광고와 팟캐스트의 특징과 개념에 대해 이해한다. 2. 주제 도입 활동으로 그림책 「나는 두 집에 살아요」를 읽고 토론한다. 3. 가족과 관련된 공익광고를 검색해 짧은 글쓰기 활동을 한다. 4. 본인이 선택한 공익광고의 주제(예:아동 학대, 가정 폭력, 가족 간 소통 부재, 노인학대, 고독사, 효 실천 등)와 관련 있는 책을 찾아 읽는다. 5. 책을 읽고 독서 팟캐스트 대본을 꾸며보고 모의 라디오 방송을 진행해 본다. 6. 후속 활동으로 미디어를 사용해 가족에게 사랑을 실천해보고 함께 소감을 나눈다.		

교사 역할	1. 공익광고와 팟캐스트의 기본 개념과 특징을 설명한다. 2. 공익광고의 의미를 읽어내고, 연관된 도서를 읽은 후 이를 팟캐스트라는 새로운 매체로 생성하는 미디어 리터러시 능력을 기를 수 있도록 정보활용과정 전반에 대해 안내한다. 3. 팟캐스트 대본 작성 방법, 유의사항 등에 대해 안내한다.

수업은 '가족'을 주제로 한 공익광고 포스터를 활용해 짧은 글쓰기를 한 후 해당 공익광고에 담긴 주제 의식과 연관된 책을 읽고 이를 팟캐스트라는 새로운 미디어로 표현하고 공유하는 과정을 통해 미디어 리터러시에 대해 자연스럽게 배울 수 있도록 총 5차시로 구성하였다.

1차시: 그림책 읽고 토론하기

그림책은 연령에 상관없이 누구나 쉽게 읽고 토론할 수 있는 가장 좋은 미디어다. 그래서 주제 도입 활동으로 그림책을 읽고 월드카페식 비경쟁 독서 토론을 하기로 하였다. 토론할 그림책으로는 『나는 두 집에 살아요』를 선정했다.

월드카페식 비경쟁 독서 토론은 책 이야기에서 시작해 계속

심화된 질문을 만들어나가는 과정을 통해 주제와 관련한 깊이 있는 이야기까지 나눌 수 있는 토론 방식이다. 책을 읽기 전에 월드카페식 비경쟁 독서 토론을 쉽게 알려주는 영상을 함께 본 후 꼭 지켜야 할 비경쟁 독서토론 규칙을 PPT로 간단하게 설명했다.

 TIP 월드카페식 비경쟁 독서 토론[32]

어떤 주제에 대해 소단위로 팀을 구성하여 대화를 시작하고 구성원들이 서로 교차하여 대화를 이어나가는 월드카페를 적용한 독서 토론이다. 진행 방식과 규칙은 다음과 같다.

토론 방법
1. 토론할 책 한 권을 정해서 읽고 모인다. (그림책이나 단편은 모인 자리에서 함께 읽는다.)
2. 호스트를 정한다. (호스트는 이동하지 않는다.)
3. 질문① 만들기: 돌아가면서 소감을 나누고 의논하여 질문 하나를 만들고 전지에 커다랗게 쓴다. (음악 소리가 들리면 이동한다.)
4. 질문② 만들기: 토론하고 싶은 주제의 질문이 있는 테이블에 앉는다. 호스트는 새로 모인 토론자들에게 질문①이 어떻게 만들어졌는지 설명한다. 10분 정도 토론하고 나서 심화된 질문②를 만들고 음악 소리가 들리면 이동한다. (심화된 질문: 내게 묻는 질문, 구체적인 질문, 실천적인 질문 등)
5. 질문③ 만들기: 위 내용을 반복한 다음 더 토론해봐야 할 질문을 만들고 끝낸다.
6. 글쓰기: 토론 소감을 한마디씩 나누고 각자 말한 것을 토대로 글을 쓴다.

토론 시 지켜야 할 규칙

1. 나의 경험이나 느낌, 반성, 실천 등을 진솔하게 말한다.
2. 호스트는 모두가 골고루 말할 수 있도록 배려한다.
3. 되도록 상대방의 말을 끊지 않고 끝까지 경청한다.
4. 상대방을 가르치려 하지 않는다.
5. 함께 만들어낸 질문에 정답이 있을 거라고 생각하지 않는다.

그림책 『나는 두 집에 살아요』는 수업 시간에 학생들에게 직접 읽어주었다. 주인공 니나는 엄마와 아빠 양쪽 집을 오가며 사는 아이다. 부모의 이혼을 겪었음에도 밝게 생활하는 주인공과 변함없이 자식을 사랑하는 부모의 모습이 함께 담겨 있다.

토론을 통해 학생들이 질문을 만들어가는 과정에서 가족의 다양한 형태와 가족의 소중함에 관해 이야기가 오고 갔다. 또 각자의 가족 이야기도 꺼내며 진솔한 이야기를 나누는 모습을 볼 수 있었다. 토론이 끝나고 다음 시간에 할 활동들에 대해 안내한 후 수업을 마무리하였다.

2차시: 공익광고를 활용한 글쓰기

○

수업에 들어가기에 앞서 한 장의 이미지를 제시하고 학생들에게 무엇을 전달하고자 하는 사진인지 추측해보도록 하였다. 처음에 글자를 가린 왼쪽의 사진을 보여주었을 때는 "코로나 때문에 마스크를 잘 쓰라는 것 같아요."라고 말하던 학생들이 오른쪽 사진을 다시 제시하자 "아, 가족 간의 소통 부재를 다루는 내용이네요."라며 고개를 끄덕였다.

공익광고 – '아이의 입을 막는 대화?'

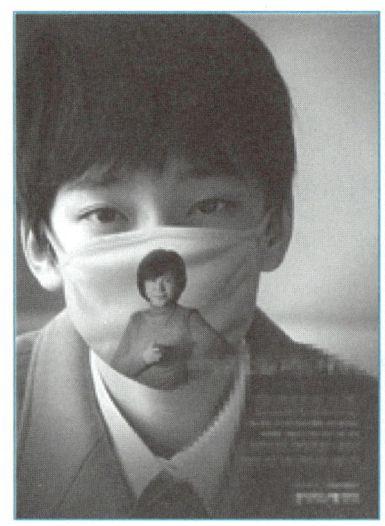 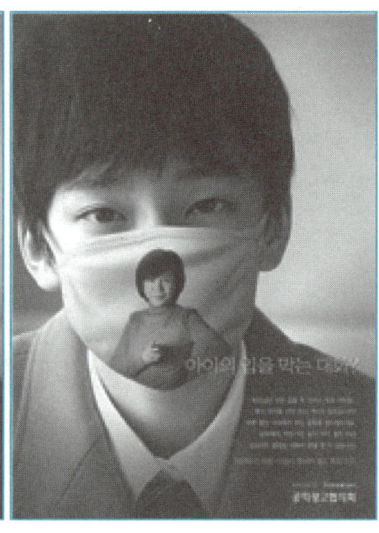

글자를 블러서 처리한 포스터   원본 포스터

공익광고 포스터는 이처럼 상징적인 이미지를 통해 메시지를 전달하는 경우가 많다. 이미지만 보았을 때와 글자를 함께 읽었을 때 받아들이는 메시지가 달라질 수 있으며 같은 이미지라도 보는 시각에 따라 다르게 해석할 수 있다는 점에 대해 함께 이야기를 나누었다.

가볍게 이미지 읽기 활동을 하고 아이들에게 공익광고의 기본 개념과 특징에 대해 설명한 후 본격적으로 공익광고를 활용한 글쓰기 활동을 진행했다. 공익광고는 한국방송광고진흥공사 사이트 kobaco.co.kr의 자료실에서 주제 카테고리를 활용해 검색하도록 했다. 가족과 관련한 공익광고 중에서 마음에 드는 것을 고른 후 색지에 광고를 붙이고 짧은 글을 쓰는 활동을 하였다. 글은 해당 공익광고를 고른 이유와 함께 나의 이야기를 연결 지어 써보도록 했다. 자기 이야기와 연결 짓기 어려워하는 학생들에게는 광고와 관련된 최근 이슈나 사건 등에 본인의 의견을 더하여 글을 쓰도록 안내했다.

글쓰기 활동 후에는 자신이 고른 공익광고의 주제(가족 간 소통, 아동 학대, 가정 폭력, 노인 학대, 고독사, 효 실천 등)와 관련 있는 책을 학교도서관에서 찾아보기로 하였다. 아이들은 도서관의 컴퓨터나 태블릿으로 책과 관련한 정보를 검색하거나 서가를 직접 살펴보며 책을 골랐다. 도서관에 없는 책은 지역의 도서관을 이용할 수 있도록 안내해주고 다음 차시 전까지 선정한 책을 모두 읽어오도록 했다.

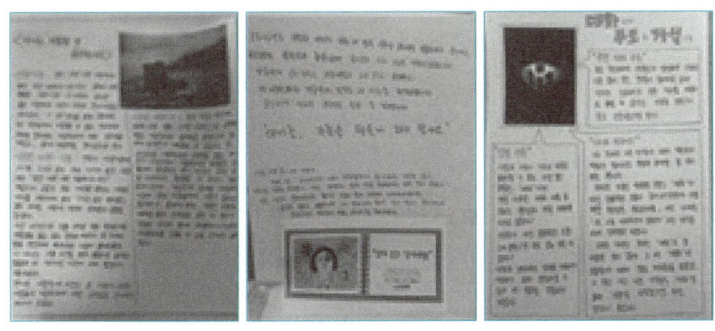

공익광고로 글쓰기 학생 결과물

:: 사례 | 공익광고로 짧은 글쓰기 ::

우리 가족은 칫솔 통에서만 만납니다!

(글 이ㅇ연)

이 광고는 가족 간의 소통 단절 문제를 "우리 가족은 칫솔 통에서만 만납니다!"라고 재치있게 표현했다. 이 광고에서 나타난 바와 같이 우리나라 부모와 자녀의 사이가 점점 소원해지고 있다. 최근 초록우산어린이재단이 5월 가정의 달을 맞아 국내 초·중·고교생 571명을 조사한 결과 하루 평균 가족과 보내는 시간이 단 13분(평일 기준)에 그쳤다. 가장 가까워야 할 가족끼리 대화를 나누거나 함께 여가를 즐기는 시간이 하루 0.9%밖에 안 된다. 반면 학원·숙제 등 학교 밖 공부 시간은 190분, TV·스마트폰 등 각종 미디어 이용 시간은 84분으로 훨씬 많다. '거의 매일 자녀와 대화하는 부모'의 비율은 53.7%로 경제협력개발기구OECD 국가 평균인 70%에 한참 모자랐다.

나 또한 고등학교에 입학한 후 집에 있는 시간이 줄어들면서 자연스럽게 가족들과 대화하는 시간이 줄어들었다. 이 광고를 보면서 우리 가족의 모습이 떠올라 이 광고를 선정하게 되었다. 이 광고가 전달하는 메시지를 되새기면서 오늘부터라도 가족들과 대화를 많이 해보도록 노력해야겠다는 생각이 든다.

3-4차시: 팟캐스트 대본 만들기 & 미션 공지

가족과 관련하여 미리 읽고 온 책을 바탕으로 독서 팟캐스트 방송 대본을 작성하는 시간이다. 대본 작성에 들어가기 전에 각자 읽은 책을 소개하는 시간을 가졌다. 가족과 관련해 어떤 소주제를 담고 있는 책인지, 내용과 느낀 점은 무엇인지 간단하게 이야기 나누며 가족의 의미에 대해 짚어보았다.

다음으로 팟캐스트의 기본 개념과 특징, 등장 배경 등에 대해 간단하게 알려주고 팟캐스트 제작을 위한 안내자료와 활동지를 나누어주었다. 평소에 팟캐스트를 접해 보지 않은 학생들이 있어서 먼저 기존의 독서 팟캐스트를 찾아 함께 들어보고 팟캐스트의 진행 방식이나 구조를 파악해보는 시간을 가졌다. 독서 팟캐스트의 경우 1인이 진행하는 경우도 있고 2~3인이 대담 형식으로 진행하는 경우도 있다. 학생들의 의견에 따라 비슷한 주제를 고른 사람끼리 2인 1조가 되어 대담 형식으로 하기로 했다. 수업 인원이 총 8명이었기 때문에 4모둠이 구성되었다.

모둠 구성 후 활동지에 팟캐스트 대본 쓰는 활동을 이어갔다. 활동지의 주요 내용은 1. 팟캐스트 방송 기획하기 2. 독서 팟캐스트 이름 정하기 3. 시그널/엔딩 음악 정하기 4. 대본 쓰기 이렇게 네 가지로 이루어졌다. 팟캐스트 이름 정하기에서는 실제 독서 팟캐스트의 이름('책FLIX', '이동진의 빨간책방' 등)을 예시로 보여주면서 팀 색깔이 드러나거나 재미있는 이름을 지어보도록 했다.

시그널/엔딩 음악은 방송이 시작될 때와 끝날 때 나오는 음악이다. 시그널 음악이 나오면 그 방송을 떠올리게 되기 때문에 팟캐스트 방송의 전체적인 분위기를 잘 드러낼 수 있는 음악으로 선정하도록 했다. 또 음악은 10초 내외로 하고 저작권에 위배되지 않는 무료 음원을 활용하여 편집하라고 안내해주었다. 활동지 ①

마지막으로 아래와 같이 대본을 쓸 때 유의할 사항 몇 가지를 알려주고 본격적으로 대본 쓰기 활동에 들어갔다. 기본적으로 모둠에서 정한 소주제와 관련된 책 1권을 중심으로 전체적인 내용을 구성하되 더 소개하고 싶은 책이나 영화 등을 1~2개 정도 추가하는 방식으로 작성하도록 했다. 공익광고의 주제가 비슷한 친구끼리 모였기 때문에 모둠별로 미리 읽고 온 책에 대해 이야기하고 의논하면서 독서 팟캐스트의 중심이 될 책을 정하고 대본을 작성하는 모습을 볼 수 있었다. 활동지 ②

소주제	책(예시)	대본 작성 시 유의 사항
가족 간 소통, 가출, 사춘기	〈17세〉 (이근미 지음, 미래인)	1. 대본의 전체적인 내용은 가족이라는 큰 주제에서 벗어나지 않도록 작성한다. 2. 기본 1권의 책을 중심으로 대본을 작성하되, 주제와 관련하여 책 1~2권 정도를 추가로 소개할 수 있다. 3. 책과 관련된 내용, 가족 관련 사연, 그 외에 다양한 내용(최근 시사 뉴스, 영화 등)을 토대로 대본을 풍부하게 작성한다. → 위 내용을 참고하여 10분 분량의 대본을 작성한다.
아동 학대, 가정 폭력	〈너는 착한 아이야〉 (나카와키 하쓰에 지음, 작은씨앗)	
부모, 효, 고독사, 노인 공경	〈나이 든 부모를 사랑할 수 있습니까〉 (기시미 이치로 지음, 인플루엔셜)	
가족 간 사랑, 가족의 소중함	〈엄마를 부탁해〉 (신경숙 지음, 창비)	

세 번째 수업 시간에 대본의 큰 뼈대는 만들어졌지만 세세한 대본 작성까지 하기는 어려웠다. 아이들에게 활동할 수 있는 시간을 충분히 주기 위해 네 번째 시간에도 대본 쓰기 활동을 이어갔다. 아이들이 대본을 쓰는 과정에서 책과 관련된 내용 외에도 인사말, 사연, 최근 시사 뉴스 등 다양한 내용을 추가해 방송 내용이 풍부해질 수 있도록 하였다. 수업이 끝나갈 무렵에는 대본이 거의 완성된 모습을 볼 수 있었다. 다음 시간까지 글을 다듬어 최종적으로 완성한 대본을 가져오기로 했다.

　수업을 마치며 아이들에게 미션을 하나 제시했다. 미디어가 소통 단절의 주요 원인이 된다고 하는데 역으로 미디어를 통해 가족에게 사랑을 표현해보기로 한 것이다. 어떤 미디어든 가족에게 사랑을 표현해보는 것에 초점을 맞추기로 했다. 미션을 해야 한다는 말에 난색을 보이는 아이, 재미있겠다는 아이, 얘기만 들어도 눈물이 나려고 한다며 격한 반응을 보이는 아이 등 다양한 반응이 이어졌다. 다음 시간까지 꼭 미션을 수행해오기로 약속한 후 수업을 마무리했다.

5차시: 팟캐스트 발표 & 미션 후기 나누기

○

　마지막 시간은 완성한 팟캐스트를 발표하고 공유하는 시간이었다. 실제 팟캐스트처럼 녹음도 하고 팟빵이나 아이튠즈에 팟캐스트 등록까지 해보면 좋겠지만 시간 여유가 없어서 학교도서관에 다 같이 모여 완성한 대본을 읽어보는 '보이는 라디오'로 진행하기로 했다. 그런데 갑작스럽게 코로나19로 사회적 거리두기 단계가 격상되면서 전면 온라인 수업으로 전환되어 결국 마지막 수업은 줌^{zoom}에서 모이게 되었다.

마지막 수업에서 아이들과 직접 만나지 못해 아쉽기도 하고 온라인으로 잘 진행될 수 있을까 걱정도 되었지만 아이들의 발표가 시작되자 그런 걱정은 눈 녹듯 사라졌다. 학생들이 시그널 음악을 틀고 각자 준비한 방송 대본을 화면에 공유하면서 대본을 읽자 실제 팟캐스터가 진행하는 방송처럼 생생하게 느껴졌다.

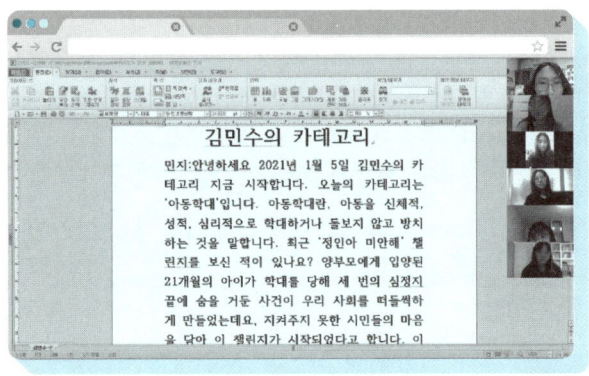

줌을 활용한 팟캐스트 발표 수업

아이들은 저마다 가족과 관련한 다양한 소주제를 책과 영화, 최근 시사 뉴스 등과 연결 지어 재미있게 라디오로 표현해냈다. 또 친구들이 진행하는 팟캐스트를 흥미로워하며 몰입해서 듣는 모습을 보여주었다. 실제 방송처럼 진행하니 그 내용에 빠져들지 않을 수 없었다. 나 역시 아이들의 발표 속에서 잔잔한 감동을 느끼며 가족과 관련된 책이나 영화를 새롭게 알게 되기도 하였다.

발표가 끝난 후에는 각자 가족에게 수행한 미션에 대해 이야기하는 시간을 가졌다. 아이들이 어떤 미디어로 가족에게 사랑을 표현했을까? 아날로그 방식으로 손편지를 쓴 아이도 있었고 평소에는 오글거려서 하지 않았던 포옹, 안마 등의 몸언어로 표현한 아이들도 있었다. 직접 말하기는 부끄러워서 스마트폰으로 카톡이나 문자를 보낸 친구도 있었다. 아이들은 미션 수행을 위해 가족에게 사랑을 표현해보면서 사소한 말 한마디가 큰 힘이 되어준다는 걸 느꼈다고 했다. 또 가족과 더 많이 이야기 나누고 소통해야겠다고 말하는 모습에서 가족에 대한 아이들의 사랑을 느낄 수 있는 시간이었다.

수업을 마치며

가족을 주제로 아이들과 함께한 미디어 수업은 특별했다. 가까운 대상이기에 더 어려울 수도 있는 가족이라는 주제를 미디어 리터러시 수업에 잘 녹여낼 수 있을까 처음에는 막막했다. 하지만 주제에 맞는 미디어를 고민해 선택하고 수업을 설계하고 아이들과 함께하는 과정을 통해 나 또한 많은 것을 배우고 느끼며 성장하는 시간이었다.

다만 교과연계 수업으로 진행하지 못해 아쉬움도 남는다. 교과연계 수업으로 진행한다면 3~4인 모둠 수업으로 대본 작가, 녹음자, 팟캐스터 등 역할을 더 세분해서 프로젝트 수업으로 진행해도 좋을 것 같다. 또 결과물에 대한 평가 기준을 세워서 수행평가에 반영할 수도 있을 것이다.

또 한 가지 아쉬운 점은 수업 시간이 생각보다 넉넉하지 않았다는 것이다. 90분 5차시 수업 안에 학생들이 가족의 의미를 온전히 깨닫기에는 부족하다고 여겨졌다. 수업 안에서 학생들이 가족과 관련해 선정한 책을 읽을 시간을 충분히 주고 책에 대해 천천히 함께 곱씹어 보는 시간이 있어야 했는데 그럴 시간이 부족했다. 한 학기 한 권 읽기나 자유학기제 등 한 학기를 온전히 활용할 수 있는 프로그램에 접목해서 진행한다면 더 깊이 있는 미디어 리터러시 수업이 되지 않을까 생각한다.

수업을 마치고 대부분의 아이들이 가족의 소중함에 대해 생각해보고 가족 간에도 소통과 대화가 중요하다는 것을 알게 되어서 좋았다고 이야기해주었다. 또 고등학교 1학년 활동 중 가장 기억에 남는 활동이라고 말한 학생도 있었다. 이번에 아이들과 함께한 수업은 나에게도 잊지 못할 수업이 될 것 같다.

한걸음 더

'가족'을 다룬 책·영화·팟캐스트

분류	도서명	저자 또는 제작자	출판사 또는 제작사(설명)
그림책	우리 가족입니다	이혜란	보림
그림책	가족은 꼬옥 안아주는거야	박윤경, 김이랑	웅진주니어
책	불량가족 레시피	손현주	문학동네
책	이상한 정상가족	김희경	동아시아
책	나이 든 부모를 사랑할 수 있습니까	기시미 이치로	인플루엔셜
영화	좋지 아니한가	정윤철	㈜무사이필름
영화	고령화 가족	송해성	㈜인벤트스톤
영화	계춘 할망	윤홍승	㈜지오엔터테인먼트
팟캐스트	TEDTalk 아동과 가족	TED	결혼, 가족, 양육에 대한 이야기
팟캐스트	우리에겐 조금 먼 가족이 필요해	보스턴피플	가족 개념을 다시 생각해 보기
팟캐스트	조선미의 우리가족 심리상담소	EBS육아학교	가족 관련 심리상담 팟캐스트

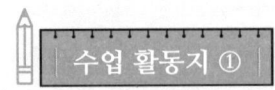

수업 활동지 ①

미디어 리터러시 수업 3-4차시   **팟캐스트 방송 만들기**

팟캐스트 방송 만들기   학번   이름

1. 팟캐스트 방송 기획하기

	활용 앱	방송 시간	성격	미디어	대본 작가	녹음자	팟캐스터
예1	팟캐스트	10분	주제와 관련된 책과 영화를 연계해서 소개	책과 영화			
예2	팟빵	10분	최근 이슈와 연결 지어 책 소개(예: 미투운동-『김지은입니다』)	책과 뉴스			

2. 팟캐스트 방송 이름 정하기 (예: 책FLIX, 이동진의 빨간책방)

우리 모둠이 정한 팟캐스트 이름:

이름의 의미:

3. 시그널/엔딩 음악 만들기

- 방송 시작할 때와 끝날 때 시그널 음악을 사용하면 방송의 정체성이 드러난다. 시그널 음악이 나오면 그 방송을 떠올리게 되기 때문이다. 시그널 음악은 10초 이내로 하며 음악을 만들어 사용하거나 기존의 무료 음원을 부분적으로 편집하여 사용한다.

(예시) ○○○방송의 라디오	머시 쉐리 Merci Cherie
(예시) ○○방송의 스포츠 중계	상브르와 뫼즈 연대 행진곡
시그널 음악	
엔딩 음악	

138

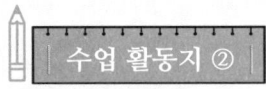

수업 활동지 ②

미디어 리터러시 수업 3-4차시	팟캐스트 방송 만들기
팟캐스트 방송 만들기	학번 / 이름

4. 대본 만들기
- 방송은 정보가 정확해야 하고 재미도 있어야 한다. 정확한 정보를 흥미롭게 전달하기 위해서는 다양한 정보를 수집하여 핵심을 잘 정리하고 그것이 잘 전달되도록 대본을 만들어야 한다. 대본은 방송의 주제와 관련된 내용이 중심을 이루지만 책을 설명하는 과정 외에 인사말, 날씨 소식이나 주변의 뉴스도 포함된다.

〈제출〉

〈팟캐스트 방송 대본 쓰기〉

방송 이름:
모둠원(학번 이름):

구성 요소	내레이션	소요 시간
오프닝		
주요 내용		
엔딩		

수행평가 반영 시 평가 요소 예시

평가 요소(30)	평가 내용
책 선정(10)	주제와 어울리는 책을 선정하였는가? 기본 도서 외에 추가로 소개하는 책이 있는가?
시그널 및 음악(5)	시그널이 팟캐스트에 잘 어울리는가?
팟캐스터의 책 설명(15)	내용의 참신성, 흥미성, 발표의 전달성

유튜브로 읽는 직업과 일

수업 학년: 중학교 2학년
수업 시간: 총 4차시
수업 형태: 교과연계 학교도서관 활용수업
미디어: 유튜브, 인포그래픽
활용 도서: 『양심고백』(김동식 지음, 요다)
활용 사이트: 워크넷 work.go.kr, 커리어넷 career.go.kr
관련 교과: 진로와 직업 2-01 직업이란 뭘까?

충주예성여자중학교 사서교사

김미옥

청소년들이 하고 싶은 일

　대부분의 청소년은 앞으로 어떤 직업을 가지고 무슨 일을 하며 살지에 대해 고민이 많다. 학생들에게 꿈이 무엇이냐고 물어보면 대부분 어떤 직업을 가질지에 대해 이야기한다. 이처럼 학생들에게 직업이란 미래에 이루고 싶은 꿈이자 희망이기도 하다. 중학생 때부터 자기가 원하는 직업을 정하고 자신의 진로에 맞춰 고등학교와 대학교 전공에 대한 구체적인 계획을 세우는 학생들이 있는가 하면 내가 어떤 직업을 가지길 원하는지, 내가 잘하는 일은 무엇인지, 내가 좋아하는 일은 무엇인지조차 가늠하지 못하는 학생들도 많다. 그리고 일과 직업에 대해 구체적으로 생각하기보다 막연하게 적은 노력으로 큰돈을 벌어 경제적인 어려움 없이 편하게 살기를 바라는 학생들도 있다.

이렇게 직업과 자신들이 하고 싶은 일에 대해 막막함을 느끼는 학생들에게 직업은 돈을 벌기 위한 수단이라기보다 자신이 하는 일을 통해 스스로 정서적 만족감과 즐거움을 얻고 사회의 구성원으로서 얼마나 필요한 존재인지를 느끼게 하는 것임을 깨닫게 할 필요가 있다.

하지만 학생들에게 지금부터 어떤 직업을 가지고 일을 하면서 기쁨과 성취감을 느낄 수 있을지 결정하게 하는 것은 무리이다. 세상에는 수많은 직업이 존재하며 새로운 직업들이 생겨나기도 하고 없어지기도 한다. 학교에서 다양한 진로 체험 프로그램을 실시하고 있기는 하지만 학생들이 직간접적으로 경험하고 관심을 가져볼 수 있는 직업은 한정적이다. 그래서 학생들에게 자신이 하고 싶은 일과 직업에 대해 고민해보고 스스로 다양한 직업에 대해 즐겁게 찾아볼 기회를 주고 싶었다. 이 기회가 학생들이 앞으로 걸어 나갈 길에 조그만 빛이라도 될 수 있다면 얼마나 좋을까?

어떤 수업에 적용할까

중학교 교육과정에서 '진로와 직업'은 선택과목이지만 대부분의 학교 교육과정에 개설되어 있으며 진로교사가 배치되어 있다.

본교에서는 2학년 학생들 대상의 진로 수업이 실시되고 있는데 교과서가 있기는 하나 학생들이 수업에 흥미를 느끼기에 다소 부족한 점이 있었다. 담당 교사와 학교도서관 활용수업에 대한 의견을 나누던 중 선생님에게 학생들이 평소 자주 이용하는 미디어 매체를 통해 접근해보면 어떻겠냐는 제안을 했다.

어떤 미디어를 선택할까

진로교사와 함께 수업에 활용할 미디어로 무엇이 좋을지 고민하다 유튜브로 의견을 모았다. 유튜브는 방대한 양의 영상 정보를 보유하고 있을 뿐 아니라 나이와 세대를 불문하고 스마트폰 이용자 대부분이 앱을 설치해 이용하고 있어 '갓튜브God+YouTube'로 불리기까지 한다. 최근 온라인 학습에서도 유튜브를 많이 활용하고 있어 교사와 학생들에게 더욱 친숙해진 미디어이기도 하다.

이렇게 많은 사람이 이용하고 짧은 시간에도 엄청난 분량의 영상이 업로드되는 거대한 지식 창고 같은 유튜브 세상에서 관심 있는 직업에 대한 정보를 얻기란 그리 어려운 일은 아닐 것이다. 다양한 직업을 가진 사람들의 일하는 모습을 담은 브이로그vlog도 넘쳐난다. 유튜브를 통해 많은 직업을 간접적으로 체험해볼 기회가 생긴 것이다.

하지만 많은 학생은 이러한 유튜브 영상보다는 게임 방송이나 먹방, 음악, 뷰티와 관련된 콘텐츠를 선호한다. 이에 유튜브를 활용하여 관심 분야의 직업을 찾아볼 수 있도록 수업을 계획했다.

학습 주제 (단원명)	Ⅱ. 일과 직업 세계의 이해 01. 직업이란 뭘까?	지도 학년	중학교 2학년
수업 설계 의도	1. 유튜브에서 다양한 정보를 얻는 학생들의 세태를 반영하여 학생들이 유튜브를 통해 직업에 대한 정보를 찾아 활용할 수 있도록 안내한다. 2. 진로교사와 사서교사가 협력수업을 진행하여 해당 교과의 학습 수업 주제에 적합한 올바른 미디어 활용수업을 진행한다. 3. 단편 소설-유튜브-인포그래픽을 연계한 수업을 설계한다. 4. 유튜브를 통해 수집한 직업별 다양한 정보를 인포그래픽으로 정리하여 학생들이 여러 직업에 대해 쉽게 이해하고 관심을 가질 수 있도록 한다.		
학생 활동	1. 리터러시의 개념에 대해 이해한다. 2. 학습 주제와 관련된 단편 소설을 함께 읽고 질문을 만든 후 토론한다. 3. 직업이 안내된 여러 유튜브 콘텐츠를 시청한 후 친구들에게 소개하고 싶은 직업을 선택하고 해당 직업과 관련된 정보를 수집한다. 4. 유튜브를 통해 얻은 다양한 직업 정보를 인포그래픽으로 작성한다.		
교사 역할	1. 리터러시의 개념에 대해 학생들에게 충분히 안내한다. 2. 유튜브 청소년 사용 실태 및 올바른 활용법에 대해 안내한다. 3. 인포그래픽의 의미와 활용 분야 및 작성 예시를 안내한다. 4. 사람들이 필요로 하는 정보를 재가공할 수 있는 리터러시가 이루어지도록 안내한다.		

수업 과정

　　직업에 대한 각자의 의견을 나누고 직업 선택 시 고려할 사항에 대해 생각하는 시간을 갖기 위해 단편 소설을 읽고 토론하는 활동을 거친 후 유튜브를 통해 다양한 직업 중에서 관심 있는 직업을 찾아 영상의 내용을 바탕으로 필요한 정보를 찾아 정리하도록 한다. 영상의 내용 외에 직업과 관련하여 추가로 알고 싶은 내용은 워크넷work.go.kr, 커리어넷career.go.kr 등을 활용하며 인포그래픽을 작성할 때 데이터로 참고하도록 한다.

총 4차시로 구성된 수업을 통해 학생들은 직업의 의미와 종류, 자신이 직업을 갖기 위해 갖추어야 할 능력 및 태도 등을 자연스럽게 깨우치게 된다.

1차시: 단편 소설 읽고 토론하기

○

늘 진로활동실에서 하던 진로 수업을 학교도서관에서 하는 데다 진로 선생님과 사서 선생님이 나란히 교실 앞에 서자 학생들은 호기심을 보이며 어떤 수업인지 궁금해했다. 진로 선생님이 앞으로의 수업 계획을 간략히 설명했다. 유튜브로 읽는 직업과 일 첫 수업으로 단편 소설을 읽고 토론하는 수업에서 관련 도서와 토론 방식 안내 및 사회는 사서교사가, 토론 후 모둠별 발표 내용 정리 활동은 진로교사가 진행하였다.

토론 활동은 김동식 작가의 단편 소설집 4권 『양심고백』에 수록된 「재능을 교환해 주는 가게」를 읽고 월드카페 토론 방식과 유사한 비경쟁 독서 토론 방식[1]으로 진행하였다.

내용이 길지 않아 소설을 읽는 데는 다들 무리가 없었지만 질문 만들기는 어려워하는 학생들이 많았다. 책의 이야기를 바탕으로 함께 이야기를 나누고 '재능을 교환해주는 가게에 간다면 재능

---

[1] 126쪽 '공익광고로 읽는 가족의 소중함'에 안내된 토론 방법 및 규칙 참조

을 교환할 것인가?' '김남우는 자신의 재능을 타인의 재능과 바꾸며 어떤 생각이 들었을까?' 등의 질문을 하나둘 만들어가면서 점차 활발히 서로의 생각을 나누기 시작했다. 학생들이 주로 많이 나눈 이야기는 직업에 필요한 재능을 얻기 위한 노력에 관한 것이었다. 만약 실제로 재능을 교환해주는 가게가 있다면 자신이 꿈꾸는 직업을 얻기 위해 필요한 재능으로 한 번쯤은 바꾸고 싶을 것 같긴 하지만 저절로 얻어진 재능보다는 스스로 노력하여 얻은 재능이 훨씬 가치 있는 것이므로 언젠가는 후회할 일이 생길 것이라는 의견에 많은 아이들이 공감했다.

　이렇듯 책을 읽고 토론을 하면서 학생들은 자신이 바라는 직업을 얻기 위해 갖추어야 할 능력의 가치와 태도에 대해 생각해보는 시간을 가졌다. 교과서에 적힌 몇 줄의 글을 수동적으로 받아들이는 것이 아니라 함께 토론하면서 스스로 깨우쳐 알아가는 값진 경험의 시간이었다.

한걸음 더

김동식 작가의 단편 소설집 4권 『양심고백』에 수록된 「톡 쏘는 맛」은 일의 가치에 대한 주제로 토론하기에 적합하여 수업 상황에 따라 추가 활동이 가능하다.

2차시: 유튜브와 인포그래픽 알기

○

2차시는 사서교사의 주도로 수업이 진행되었다. 지난 차시 토론 활동에 재미를 느꼈던 학생들이 수업에 많은 관심을 보였다. 수업에 활용할 미디어에 대한 이해를 돕고 배운 내용을 정리할 수 있도록 학생들에게 학습지를 배부하였다. **활동지 ①**

유튜브에 대해 모르는 학생은 역시나 없었다. 여학생들만 있어서인지 청소년이 가장 많이 시청한다는 게임 관련 방송을 아는 학생들은 몇 명 되지 않았고 예능 프로그램과 뮤직비디오, 연예인 관련 영상 또는 뷰티 관련 채널을 구독하는 학생들이 많았다.

그리고 영상을 찾아 검색해서 시청하기보다는 유튜브 알고리즘이 추천하는 영상을 보게 된다는 한 학생의 말에 대부분의 학생들이 공감했다. 이를 계기로 유튜브의 편향성에 대해 학생들과 이야기를 나눌 수 있었고 더 나아가 유튜브의 순기능과 역기능에 대해서도 함께 생각해볼 수 있었다.

유튜브의 다양한 채널과 유명 크리에이터에 관해서 학생들은 교사보다 더 많은 정보를 가지고 있었다. 재미있는 영상을 추천해보라는 말에 학생들의 답변이 끊이지 않았다. 학생들은 예상한 것보다 훨씬 더 많이 그리고 훨씬 더 밀접하게 유튜브를 이용하고 있었다. 그래서 올바른 유튜브 사용에 대한 수업이 더욱 절실하게 느껴졌다.

수업 자료로 활용할 미디어인 유튜브에 대한 이야기를 마치고 학생들에게 인포그래픽에 대해서 안내했다. 인포그래픽이라는 용어를 생소해하는 학생들에게 예시를 보여주자 모두 쉽게 이해했다. 추후 진행될 수업의 이해와 과제 해결을 돕기 위해 인포그래픽의 용도와 구성 요소, 다양한 예시를 안내하였다. 여러 정보가 한 페이지 안에 이해하기 쉽게 표현된 예시들을 보고 자신 없어 하던 학생들도 친구들과 함께 모둠을 이루어 종이에 작성할 예정이라는 설명에 안도하는 모습을 보였다.

3차시: 유튜브에서 필요한 정보 찾아내기

ㅇ

유튜브 영상에서 필요한 내용 정리를 돕기 위해 간단하게 학습지를 작성하여 배부한 후 직업 관련 영상 하나를 함께 시청하며 학습지를 작성하는 요령에 대해 간단하게 설명하였다. 학생들은 수업 중 안내된 직업 관련 채널(〈워크맨〉, 〈자이언트펭 TV〉, 〈유퀴즈 온 더 블록〉 중 직업인 인터뷰, 직업 관련 브이로그 등)과 함께 선별한 검색어를 활용하여 영상 자료를 찾는 활동을 하였다. 학교 진로활동실에 태블릿 컴퓨터가 비치되어 있어 모둠의 학생들이 각자 영상을 찾아보는 데 도움이 되었다. 활동지 ②

모둠별로 다양한 직업을 조사하기 위해 학생들의 선호도와 진로 및 직업 교과서에 제시된 직업군을 고려하여 모둠 수에 따라 직업군을 나누고(교사, 공무원/연구, 법률, 경영/의료, 보건, 사회복지/

방송, 문화, 예술, 스포츠/여행, 음식, 서비스직/IT, 정보통신) 모둠별로 분배한 후 협의를 거쳐 모둠 구성원이 직업의 종류나 유튜브 채널을 구분하여 찾아볼 수 있도록 하였다.

모둠별로 정해진 직업군과 관련된 영상을 찾아보며 학생들은 학습지에 새로 알게 된 직업 정보를 정리하였다. 재미있는 내용이 나오면 웃기도 하고 옆의 친구들과 내용을 공유하기도 하였다. 자신이 찾은 직업 영상이 자기 모둠의 직업군에 해당하는지 질문하는 학생들에게는 다른 모둠의 학생들과 겹치지 않는 선에서 조사하도록 하였다. 새롭게 알게 된 직업에 대해 알아볼 기회가 생겨서인지 더욱 즐거운 마음으로 활동에 참여하는 모습을 보여 허락하길 잘했다는 생각이 들었다.

수업을 마치기 전 모둠의 친구들이 조사한 직업에 대해 서로 소개하고 다음 시간에 인포그래픽으로 작성할 직업을 하나 고르게 하였다. 하나만 고르기가 힘들다고 하는 모둠에는 두 가지 직업을 비교하는 인포그래픽을 작성하도록 권했는데 두 가지를 조사해야 한다는 것에 부담을 느끼는 눈치였다. 아이들이 과연 어떻게 인포그래픽을 작성할까? 다음 시간이 궁금해졌다.

4차시: 인포그래픽으로 직업 표현하기

○

4차시 수업은 학교도서관에서 진행하였다. 인포그래픽의 특성상 도형 및 그래프를 통해 시각적으로 정보를 전달하여야 하므로 작성 시 도움을 주기 위해 학습지를 먼저 작성하도록 하였다. 인포그래픽 작성 시 부족한 내용은 워크넷, 커리어넷 등의 인터넷 자료와 진로 관련 잡지의 과월호를 활용하여 보충하도록 하였다. 수업을 함께 진행한 진로교사의 지도로 학생들은 직업에 대한 정보를 더욱 알차게 찾을 수 있었다. 활동지 ③

평소 인포그래픽을 자주 접했다 해도 직접 만들어보는 것은 처음이어서인지 학생들은 활동에 어려움을 호소했다. 그래서 2차시 수업에 학생들에게 예시로 보여주었던 여러 가지 인포그래픽을 수업이 진행되는 동안 계속 슬라이드로 보여주며 조사하여 정리한 내용을 바탕으로 부담 없이 작성해보길 권하였다.

"머릿속에 이것저것 떠오르는 이미지가 많은데 어떻게 정리해야 할지 모르겠어요."라는 학생들에게는 모둠 친구들과 이야기를 나누어보고 정보를 찾을 때 알고 싶은 내용을 골라 정리해보라고 조언했다. 학생들은 서로 이야기 나누고 부족한 내용은 채우며 정리된 내용을 바탕으로 인포그래픽을 작성해가기 시작했다.

완성된 인포그래픽을 칠판에 게시하고 모둠별로 발표하였다. 직업의 특성을 표현하기 위해 노력한 흔적이 보여 진로교사와 함께 학생들에게 칭찬의 말을 아끼지 않았다. 과월호 잡지를 활용하여 작성한 인포그래픽도 있었고 직업과 관련된 기구들의 이미지를 활용하여 도식화한 것도 있었다. 지난 시간에 해준 조언을 듣고 비교 형식의 인포그래픽을 만든 모둠도 있었다.

미디어로 표현하기

○

유튜브는 학생들이 늘 접하는 미디어이지만 영상의 내용을 파악하여 인포그래픽으로 작성하는 것은 학생들에게 쉽지만은 않은 활동이었다. 하지만 이러한 활동을 통해 학생들은 유튜브가 재미있는 영상뿐 아니라 필요한 정보를 찾아 활용하는 미디어가 될 수 있다는 것을 알게 되었다. 그리고 다른 미디어로 표현하는 과정을 통해 유튜브에서 제시하는 내용에 잘못된 부분은 없는지 검토하는 기회도 되었다.

유튜브는 조회 수에 따라 수익이 발생해서인지 사람들의 호기심을 끌기 위해 가짜 정보를 담고 있는 영상들도 많다. 인포그래픽은 통계나 사실적인 자료에 근거하여 사람들에게 정보나 지식을 이해하기 쉽게 전달해주는 역할을 한다. 따라서 유튜브를 인포그래픽으로 표현하는 데 가장 중요한 것은 진실을 가려내는 눈이다. 이러한 미디어 표현 활동을 통해 학생들이 세상을 올바르게 보는 시선을 가질 수 있으리라 믿는다.

 수업을 마치며

익숙하지 않은 수업 방식이었는데도 학생들은 생각보다 잘 따라와 주었다. 모둠의 친구들과 의견을 나누고 서로의 역할을 정하며 각자 최선을 다해 참여하였다. 다만, 정해진 수업 시간 동안 결과물을 내는 데 몰두하다 보니 놓친 부분도 있었다. 모둠별로 작성한 결과물에 대한 서로의 평가가 미흡하였다. 직업과 관련된 내용과 통계 자료를 조사할 경우 최신 자료가 중요한데 이런 것을 놓쳐 오래된 자료를 활용한 모둠도 있었고 인포그래픽의 시각적인 부분에만 치중하여 지식의 전달에는 소홀한 부분도 보였다.

하지만 학생들이 내용을 구성하여 직접 그림을 그리고 색칠하며 만든 직업 인포그래픽은 감동이었다. 이러한 활동을 통해 학생들이 서로의 꿈을 응원하고 그 꿈을 이루기 위해 경쟁자가 아닌 진정한 친구로 함께 걸어 나가길 바란다.

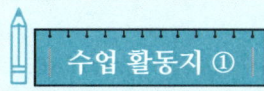
수업 활동지 ①

미디어 리터러시 수업 2차시	유튜브로 읽는 '직업과 일'
미디어의 올바른 이해	학번 / 이름

✓ 수업활동에 활용할 미디어에 대해 알아봅시다.

1. 유튜브, 그것이 알고 싶다!

유튜브란?	
유튜브를 보는 이유	
유튜브 하루 평균 이용 시간	
주로 보는 채널과 영상	
유튜브의 장단점	장점
	단점

2. 인포그래픽, 그것이 알고 싶다!

인포그래픽이란?	
내가 보았던 인포그래픽	
인포그래픽을 사용하는 이유	
인포그래픽의 구성 요소	
인포그래픽의 유형	
인포그래픽 작성 시 유의점	

수업 활동지 ②

미디어 리터러시 수업 3차시	유튜브로 읽는 '직업과 일'
유튜브에서 필요한 정보 찾아내기	학번 이름

✓ 유튜브 영상에서 알게 된 직업 관련 정보를 찾아 정리해봅시다.

1. 직업명:

유튜브 채널 및 유튜버	
유튜브 영상 제목	
영상에서 찾은 내용	
더 알고 싶은 내용	

2. 직업명:

유튜브 채널 및 유튜버	
유튜브 영상 제목	
영상에서 찾은 내용	
더 알고 싶은 내용	

3. 직업명:

유튜브 채널 및 유튜버	
유튜브 영상 제목	
영상에서 찾은 내용	
더 알고 싶은 내용	

미디어 리터러시 수업 4차시	유튜브로 읽는 '직업과 일'	
내가 읽은 유튜브 속 '직업' 인포그래픽으로 표현하기	학번	이름

✓ 모둠의 친구들과 정한 직업을 인포그래픽으로 작성하기 위해 필요한 내용을 정리하여 봅시다.

우리 모둠이 선택한 직업	
인포그래픽 유형	□통계 기반 인포그래픽 □타임라인 기반 인포그래픽 □프로세스 기반 인포그래픽 □위치, 지리 기반 인포그래픽 □비교 형식 인포그래픽 □비주얼 스토리텔링 기반 인포그래픽
하는 일	
필요한 자질/관련 학과	
임금	
전망	
직업 만족도	
추가할 내용	
마인드맵	

웹툰으로 읽는 돈과 가치

수업 학년: 중학교 2학년
수업 시간: 총 3차시
수업 형태: 교과연계 도서관 활용수업
미디어: 웹툰, 만평, 사진
참고 도서: 『위대한 개츠비』(F. 스콧 피츠제럴드 지음), 『돈의 속성』(김승호 지음, 스노우폭스북스), 『돈의 달인 호모코뮤니타스』(고미숙 지음, 북드라망)
관련 교과: 도덕① 1-4 나는 어떤 가치를 추구하는가
　　　　　중학교 국어2-2 4-(2)매체 바르게 읽기

청주 양청중학교 사서교사

심하나

돈이 뭐기에

　찰스 디킨스 소설 『위대한 유산』의 주인공 핍은 돌아가신 부모님 대신 누나, 매형과 한집에 살면서 늘 상류 세계를 동경한다. 그러다 프로비스라는 인물과 엮이고 그의 후원으로 상류층 사회의 신사가 될 기회를 맞는다. 시간이 지날수록 핍은 상류층 사람들의 이중적인 모습에 실망하게 되고 점점 이런 생활이 무의미하다는 걸 깨닫는다. 책을 다 읽고 나면 제목의 '위대한' 유산이 무엇인지 다시금 생각해보게 한다.

　스콧 피츠제럴드의 『위대한 개츠비』 역시 그렇다. 개츠비가 위대한 이유는 그가 부자여서가 아니었다. 개츠비는 사랑하는 여인 데이지를 위해 무조건 성공해야만 하는 인물이다. 돈, 물질로 상징되는 데이지는 끝내 개츠비를 매몰차게 버린다. 황당한 오해로 인해 죽음을 맞이한 개츠비의 장례식은 참석자도 별로 없이 쓸쓸하게 치러진다.

대체 돈이 뭐길래, 사람들은 부자가 되기 위해 헛된 희망을 꿈꾸고 욕망을 감추지 못하는 걸까. 그렇다면 돈보다 더 가치 있는 것은 무엇일까. 위 두 작품에서 볼 수 있듯 돈의 속성, 그리고 돈보다 더 위대한 가치에 대해 아이들과 이야기를 나눠보고 싶었다. 아이들에게도 돈은 관심이 매우 큰 주제이다.

어떤 수업에 적용할까

뮤직비디오 리터러시 수업을 함께 진행했던 경험을 살려 이 수업도 도덕 교과 시간에 진행하게 되었다. 관련 단원은 1. 자신과의 관계, 4. 삶의 목적 중 '나는 어떤 가치를 추구하는가.'이다. 나와 친구들이 가장 소중하게 여기는 가치와 그 이유를 설명해보는 탐구학습 위주로 수업을 구성했다.

어떤 미디어를 선택할까

아이들이 도서관에서 가장 먼저, 그리고 가장 자주 찾는 책은 만화책이다. 세월이 지나도 만화라는 장르가 가진 힘과 매력은 여전한 것 같다. 다만 차이가 있다면 요즘은 웹툰이 만화책을 대신하고 있다. 웹과 카툰의 합성어인 웹툰은 주요 인터넷 포털 사이트를 통해 연재되는 만화를 일컫는다. 인기 웹툰은 수십만 조회 수를 기록하며 드라마나 영화화되기도 한다. 웹툰의 시장이 거대해지고 다양해지고 있다. 웹툰은 이제 다양한 연령층에서 골고루 소비되는 거대한 문화 산업이 되었다.

웹툰을 수업 교재로 선정한 이유는 활자가 아닌 그림으로 표현되다 보니 서사구조나 인물의 갈등 등을 파악하기 쉽고 주제가 명확하게 드러나 아이들이 쉽게 이해할 수 있기 때문이다.

학습 주제 (단원명)	1. 자신과의 관계 3. 삶의 목적-01. 나는 어떤 가치를 추구하는가	지도 학년	중학교 2학년
수업 설계 의도	1. 돈의 중요성과 필요성에 대해 솔직하게 이야기 나누도록 한다. 2. 돈만을 좇는 현대인들에게서 볼 수 있는 문제점들에 대해 알아보고 돈이 아닌 가치 추구를 위한 삶을 영위하는 방법에는 무엇이 있을지 고민해보도록 한다. 3. 만평, 웹툰 등 학생들이 좀 더 쉽게 이해할 수 있는 매체를 통해 주제에 접근할 수 있도록 한다. 4. 다양한 읽기 자료를 통해 더욱 의미 있고 보람 있는 삶을 위한 올바른 가치 추구의 방향성을 잡도록 한다.		
학생 활동	1. 돈의 필요성을 이해한다. 2. 물질만능주의의 폐해를 주제로 한 세 가지 만평을 읽고 내용을 유추해본다. 3. 웹툰 「신과 함께」, 「이태원 클라쓰」를 발췌해서 읽고 가치에 대해 생각해본다. 4. 소설 『위대한 개츠비』를 발췌해서 읽고 나에게 가장 소중한 가치에 대해 생각해본다. 5. '나에게 가장 가치 있는 것'을 사진으로 찍어 소개한다.		
교사 역할	1. 수업 주제 및 과제를 안내한다. 2. 주제와 관련된 읽기 자료를 준비한다. 3. 미디어별 주제를 파악하고 찾아내는 방법을 안내한다. (미디어 리터러시 안내)		

수업
과정

　김승호 작가는 『돈의 속성』에서 '돈은 인격체다'라고 기술했다. 돈은 스스로 생각하고 사고하는 능력이 있기 때문에 돈을 함부로 대하는 사람에게는 돈이 다가가지 않는다고도 했다. 또한 감정을 가진 실체라서 사랑하되 지나쳐서도 안 되고 구속해서도 안 된다고 했다. 돈은 항상 자기를 존중하며 감사해하는 사람에게만 다가간다는 의미다.

　우선 돈이란 무엇인가, 돈이 중요한 이유에 대해 생각해보고 사람은 돈이 얼마나 있어야 만족하는가를 고민해보는 시간을 가져보기로 했다. 또한 돈보다 더 소중한 가치(혹은 돈만큼 소중한 가치)에는 무엇이 있을지 같이 이야기 나눠보는 시간을 마련했다.

1차시: 만평으로 세상 읽기

○

　먼저 아이들에게 '나에게 돈이 백만 원이 생긴다면 당장 무엇을 할까?'라는 질문을 던졌다. '핸드폰을 새로 바꾸겠다', '곧 겨울이니 패딩을 사겠다' 등 주로 무언가를 사겠다는 대답이 대다수였으며, '부모님께 용돈을 드리겠다'는 아이들도 있었다. 그중 '주식을 사겠다'던 아이의 대답이 눈길을 끌었다. 코로나19 백신 개발에 힘쓰고 있는 기업들을 눈여겨보고 있다는 것이다. 학교에서 그 누구도 알려주지 않는 '돈을 잘 버는 방법'에 대해 벌써부터 진지하게 고민하는 것 같았다.

몇백억짜리 빌딩을 소유한 연예인, 고가의 아파트를 몇 채씩 가지고 있는 국회의원, 성공한 스타트업 CEO 등 미디어에 나오는 부자들은 하나같이 행복해 보이기도 한다. 과연 그럴까? 돈이 많으면 많을수록 돈과 행복은 비례하는 것일까.

학생들과 돈을 주제로 한 세 가지 만평을 보며 이야기를 나누었다. 돈으로 인한 갈등으로 사회 곳곳이 피폐해졌다. 돈이 많아서 행복한 사람들도 있겠지만 반대로 돈이 많아서 불행한 사람들도 있다. 돈에 대한 욕심이 과하면 갈등이 생기기 마련이다. 내가 가장 중요하게 여기는 가치를 돈이 아닌 다른 것에 둔다면 어떨까 질문을 던졌다.

이렇듯 돈과 가치에 대해 함께 이야기를 나누며 발전시킨 각자의 생각을 활동지에 정리하면서 첫 번째 수업을 마무리했다. 활동지 ①

2차시: 웹툰 읽고 이야기 나누기

○

두 번째 시간은 웹툰을 읽으며 돈과 가치에 대해 생각해보는 것으로 구성했다. 수업에 제시된 웹툰은 주호민 작가의 「신과 함께」, 광진 작가의 「이태원 클라쓰」로, 돈과 관련된 에피소드만 모아 따로 소개했다.

「신과 함께」는 2017년 처음 연재를 시작한 웹툰으로 엄청난 인기를 모았으며, 후에 영화로 제작되어 천만 관객을 동원하기도 했다. 이 작품의 주인공 김자홍은 갑작스러운 죽음을 맞은 후 저승에서 7번의 심판을 받게 된다. 이 작품에서 가장 인상적이었던 건 7화로, 살아생전 아파트에 살아보고자 애썼으나 이루지 못한 김자홍이 죽고 나서 납골당 제일 좋은 자리를 차지하게 된 것에 대해 씁쓸해하는 장면이다. 일생 누군가를 해하거나 밟고 올라선 적 없이 그저 성실하게 자신의 삶을 살았던 그는 모든 심판을 거쳐 마침내 환생하게 된다. 이 웹툰은 우리에게 오늘을 살아가는 것만으로도 의미 있는 삶을 살고 있는 것임을 일깨워 주었다.

엄청난 인기몰이와 함께 드라마로도 제작된 「이태원 클라쓰」는 성공을 주제로 한 작품이다. 불의의 사고로 아버지를 잃은 주인공 박새로이는 서울 이태원의 작은 포차에서 시작해 어엿한 회사를 키워낸다. 그 과정에서 그가 가장 중요하게 생각한 가치는 돈이 아닌 사람 그 자체였다. 가장 인상적인 내용은 사람이 돈보다 가치 있다는 소신을 지켜낸 일화다. 처음 연 포차의 장사가 신통치 않자 주인공은 가게 직원들을 불러 회의를 한다. 자기와 함께하는 사람들을 믿고 지키며 위기를 돌파하고자 했고 결국 그의 선택은 옳았다. 물론 이것은 픽션이다. 그러나 이 웹툰은 '내가 소중히 여기는 가치'에 대한 물음을 던지며 독자들에게 큰 울림을

선사한다. **활동지 ②**

3차시: 나에게 가장 가치 있는 것

○

　세 번째 시간은 자신에게 가장 가치 있는 것은 무엇인지, 생각해보고 그것을 사진으로 담아 친구들과 이야기 나눠보도록 했다. 각자 핸드폰으로 '내게 가장 소중한 것'을 찍어왔는데, 가족, 친구, 반려동물, 핸드폰, 통장 등 각양각색이었다. **활동지 ③**
　미처 사진을 가지고 오지 못한 아이들을 위해서 프리즘 카드를 준비해 모든 학생이 참여할 수 있도록 했다.

프리즘 카드(사진)로 나에게 가치 있는 것 설명하기

'내게 가장 가치 있는 것'	간단 설명
	"내게 가장 소중한 것, 가치 있는 것은 바로 우리 집 고양이다. 내가 슬플 때나 기쁠 때 항상 내 곁에서 나와 함께 하기 때문이다."(현범)
	"이 세상에서 가장 가치 있는 것은 바로 나다! 움화화화! 나는 내가 가장 가치 있다고 생각하기 때문에 늘 자신감 있게 살고 싶다!"(민찬)
	"나에게 가장 가치 있는 것은 바로 우리 가족이다. 돈으로도 바꿀 수 없고 환산도 할 수 없다. 늘 내 옆에서 든든한 버팀목이 되어주는 우리 가족! 우리 가족을 너무 사랑한다!"(은지)

수업을 마치며

이 수업은 만평, 웹툰, 사진 등 시각 자료를 최대한 활용했다. 학생들은 활자보다 이미지에 더 익숙한 세대이다 보니 수업 진행에 큰 어려움은 없었다. 그러나 자칫 이 수업이 '돈은 나쁘다'는 결론으로 이어질까 걱정이 앞섰다. 수업에서 가장 강조한 것은 '돈'을 추구하는 것을 두고 그것이 '나쁘다'라고 판단해서는 안 된다는 것이었다. 다만 '돈'만을 좇고 그것이 목적이 되어서는 안 된다는 걸 강조했다.

"배부른 돼지보다 배고픈 인간이 낫고, 만족한 바보보다는 불만족스러운 소크라테스가 훨씬 행복하다."라고 존 스튜어트 밀이 말하지 않았던가. 정신적 가치를 우선하고 살아야 한다는 중요한 의미가 담긴 말이다. 그 자체로 목적이 되는 '본래적 가치'를 추구해야 한다는 건 아이들이 이미 알고 있었다. 내 가족, 친구, 사랑, 신념 등을 가장 소중한 것이라고 소개하는 아이들의 모습이 대견했다.

그러나 한편으로는 다음번에 '돈' 자체에 대한 수업을 해봐야겠단 생각이 든다. 안타깝게도 현재 중학교 교육과정에서는 본격적으로 '돈'을 다룬 단원은 없다. 돈의 흐름과 속성, 경제용어, 기업의 이윤 창출 목적과 방법 등 전반적인 경제교육이 필요한 시점이다.

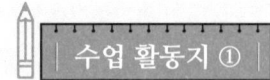

미디어 리터러시 수업 1차시	웹툰으로 읽는 돈과 가치
만평으로 세상 읽기	학번 이름

✓ 돈은 왜 그렇게 중요할까?

- 돈은 내가 필요로 하는 물건뿐 아니라 안정성과 사회적 지위, 그리고 힘을 가져다준다.
- 사람마다 필요로 하는 돈의 액수는 다르지만 누구나 약간의 돈은 반드시 필요하다는 것!
- 돈이 있으면 그 순간만큼은 자유인이 된다. 앞날에 대한 걱정도 사라진다.
- 나에게 있어 '돈'이 중요한 이유는 무엇인가? 필요한 물건을 사기 위해? 먼 미래 안정적인 생활을 영유하기 위해? 혹은 남들에게서 인정받기 위해? 어떤 이유에서일까. 솔직하게 적어보자!

✓ 나에게 100만 원이 있다면 나는 지금 당장 (   )을 하고(사고) 싶다.

✓ 돈과 행복의 상관관계

> 불교 경전에는 "히말라야산맥 전체를 황금으로 바꾸고 또 그것을 두 배로 한다 해도 한 사람의 마음을 만족시킬 수 없다."는 이야기가 있다. 또한 셰익스피어의 《맥베스》에서 맥베스 부인은 이런 말을 했다. "희망을 이루어도 만족은 없다." 두 경우 모두 만족의 성격을 잘 보여주는 케이스다. 아무리 채워도 채워지지 않는 욕망. 빚을 지면서까지 집 평수와 자동차의 크기를 늘린다 한들 이제 사람들은 행복해지지 않는다. "사람들은 모두들 행복에 대해 막연한 생각이 있어서 생각지도 않은 돈이 느닷없이 들어오면 행복할 거라는 인식을 하죠. 현대인은 지나칠 정도로 돈과 행복을 동일시하는 경향이 있어요." (가와이 하야오, 『불교가 좋다』 중)

- 이 글을 읽어보면 현대인들은 본인이 가진 것(돈, 집, 자동차 등)에 대해 대체로 만족하지 않는다는 걸 알 수 있다. 그 이유는 무엇일까?

- 이 글과 같은 경험을 한 적이 있다면 간단히 적어보자.

✓ 돈에 대한 만평

- 다음 만평을 읽고 어떤 메시지인지 적어보거나 혹은 이 그림들을 보고 난 후의 느낌을 얘기해보자! (만평은 빈부격차 등으로 인한 사회적 갈등을 다룬 것으로 준비)

(박현수,
오마이뉴스 2016.7.29.)

(서민호,
국민일보 2015.7.2.)

(이공명,
경인일보 2021.1.22.)

	만평 1	만평 2	만평 3
어떤 내용을 담았나 (주제)			
만평을 보고 느낀 점			

미디어 리터러시 수업 2차시	웹툰으로 읽는 돈과 가치	
웹툰 읽고 이야기 나누기	학번	이름

✓ 웹툰이란?

- 인터넷을 통해 연재하고 배포하는 만화로 웹(web)과 카툰(cartoon)의 합성어
- 예전 만화와 달리 주로 영상 소프트웨어를 이용해 컴퓨터로 작업
- 디지털 환경에 적합한 모습으로 변화, 인터넷 기반으로 스마트폰, 태블릿 PC를 통해 감상

✓ 오늘날은 웹툰의 시대

- 포털 사이트에서 가장 많은 조회 수를 기록하는 건? 뉴스가 아닌 웹툰
- 인터넷이라는 플랫폼을 타고 수많은 사람들이 일상, 개그, 액션, 순정 등 다양한 주제의 웹툰을 본다.
- 인기가 많은 작품들은 영화나 드라마로도 제작된다.

✓ 돈과 관련된 웹툰 읽기

웹툰 내용: 김자홍은 열심히 살던 샐러리맨으로 어느 날 젊은 나이에 죽고 맙니다. 김자홍은 저승에서 총 7번의 심판을 받고 환생(다시 태어날지), 축생(동물로 태어날지), 아님 지옥에 떨어질지 결정됩니다. 저승의 초임 변호사 진기한은 그가 다시 환생할 수 있도록 돕는 역할을 합니다. 함께 읽은 웹툰은 김자홍이 죽고 나서 납골당에 모셔지게 되는데 살아생전 아파트에 살아보고자 애썼으나 이루지 못하고 결국 죽어서야 납골당 제일 좋은 자리에 모셔지게 된 것을 씁쓸해하는 모습을 담은 장면입니다! 그렇다면, 우리도 죽고 나서 저승에서 이루고 싶은 것들이 있는지 한번 적어볼까요.

- 죽어서도(혹은 죽기 전에) 이루고 싶은 가치 있는 것은 무엇인가?

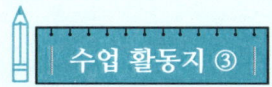
수업 활동지 ③

미디어 리터러시 수업 3차시	웹툰으로 읽는 돈과 가치		
나에게 가장 가치 있는 것	학번		이름

가치는 '물질적 가치'와 '정신적 가치'로 나눌 수 있다. 도구적 가치는 특정 사물에 한정되는 가치로 돈, 음악, 집, 휴대전화 등과 같이 우리가 살아가는 데 필요한 여러 가지 물질과 이를 통해 얻는 만족감이 이에 속한다. 본래적 가치는 인간의 정신 활동을 통해 얻을 수 있는 가치로 우정, 사랑, 진리 탐구, 도리, 예술 문화, 초월적 존재(신), 경건함, 성스러움 등이 이에 포함된다.

『위대한 개츠비』 중 한 대목을 읽고 생각해보자	**줄거리** 개츠비는 사랑하는 여인 데이지를 잊지 못해 그녀가 바라는 대로 큰 부자가 되어 그녀 앞에 나타난다. 그는 돈보다 사랑이 우선인 사람으로 이미 유부녀가 된 데이지 곁을 떠나지 않고 그녀를 위해 매일 밤 성대한 파티를 열면서 그녀가 자신을 알아봐주기를 기다린다. 그러나 이미 속물이 되어버린 데이지는 그녀의 남편 톰과 함께 개츠비 곁을 떠나고…. 개츠비가 죽자 생전 성대한 파티와 달리 너무나 초라한, 아무도 찾지 않는 장례식이 진행된다.	
	소설 제목처럼 개츠비가 '위대한' 이유는 무엇일까?	
내가 가진 것 중 가장 가치 있는 것은 무엇일까?	- 내가 가진 것 중 가장 가치 있는 것 - 이 가치가 나에게 소중한 이유는? - 도구적 가치인가, 본래적 가치인가? - 돈으로 환산하면 얼마?	
내가 가진 것 중 가장 소중하고 가치 있는 것을 사진 찍어 소개하자!	사진 제목:	사진에 대한 이야기(설명, 느낌 등)

유튜브로 읽는 환경과 기후위기

수업 학년: 중학교 1학년
수업 시간: 총 5차시
수업 형태: 방과후 수업
미디어: 단행본, 유튜브 '과학자들이 아무리 말해도 당신이 현실 부정하는 10년 후 팩트' '10대가 말하다 틴스피치–청소년 기후 행동 활동가 김도현'
활용 도서: 『파란하늘 빨간지구』(조천호 지음, 동아시아)
관련 교과: 과학2 Ⅳ. 재해·재난과 안전 01. 재해·재난이 일어나는 원인
중학교 국어2-2 4-(2)매체 바르게 읽기

청주중앙중학교 사서교사
박인혜

왜 '환경'과 '기후위기'인가

그레타 툰베리라는 소녀는 스웨덴 국회의사당 앞에서 매주 금요일 학교를 결석하는 1인 시위를 하며 기후위기에 대해 말하기 시작했다. "기후대책을 내놓기 전까지는 학교에 가지 않겠다."라고 말하는 그레타 툰베리를 보고 전 세계 수백만의 청소년들이 '기후를 위한 결석 시위'에 동참하게 되었다. 그레타 툰베리는 2019년 17세의 나이로 노벨평화상 후보에 오르기도 했다.

우리나라도 '청소년 기후행동'이라는 단체의 이름으로 전국의 청소년들이 모였다. 그들은 "이런다고 바뀔까요?"라는 물음 앞에 "그렇다고 아무것도 안 하고 있으면 안 되잖아요."라고 답하며 광화문에서 청와대까지 행진했다. 2019년 9월의 일이다.

책 『파란하늘 빨간지구』는 '우리가 마주해야 할 두려운 사실은 자연은 우리 없이 살아남을 수 있지만 우리는 자연 없이 살아남을 수 없다는 것이다.'라고 강조하며 우리 앞에 닥친 기후위기를 다시 한번 짚어주었다. 태풍이 3회 연속으로 한반도를 지나갈 때 스스로를 살리기 위한 지구의 몸부림이라고 생각해본 적 있는가? '기후 변화에 관한 정부 간 협의체'IPCC, Intergovernmental Panel on Climate Change에서는 지구 평균 온도가 1.5도 이상 올라가면 이상기후 현상으로 우리는 지구에서 살기 어려워진다고 경고하며 지구 평균 기온 상승을 제한하기 위해서는 사회 전역에 걸쳐 사상 초유의 대전환이 필요하다고 이야기한다. 지금 행동하지 않으면 지구는 인류 역사상 전례 없는 기후의 미래를 맞이하게 될 것이다. 이에 따른 정부 차원의 기후대책이 나와야 하며 화석 에너지를 다른 신재생 에너지로 변화해야 한다. 그것보다 앞서 모두가 이 위기에 대해 실감하고 실천해야 한다. 이러한 모든 기후행동에 청소년들이 앞장서고 있다.

평소 학교에서 만나는 학생들은 환경에 얼마나 관심이 있을까. 학교도서관에서 아이들이 마시고 난 음료병 등을 정리할 때였다. "선생님, 페트병은 라벨 떼서 버려야 하는데… 제가 할게요!" "음식물 묻은 것 씻고 버려야 하니까 저희가 씻어올게요." 시키지 않아도 자발적으로 재활용 분리수거를 하는 모습이 너무 대견해 칭찬하자 한 학생이 이런 말을 했다. "이렇게 안 하면 펭귄이 죽어요. 북극곰이 살 곳도 사라진대요."

일상적인 분리수거에서 펭귄과 북극곰을 떠올리는 아이들이

라니… 이 아이들과 '환경' 이야기를 해보고 싶었다. 환경 동아리를 만들고 싶어 할 정도로 환경에 관심 있는 아이들이라면 코앞에 닥친 '기후위기'와 '지구온난화'에 대해 많은 이야기가 오갈 것 같았다.

어떤 수업에 적용할까

환경과 기후위기를 주제로 한 방과후 수업을 기획하였다. 관련 교과로는 과학2 교과서의 Ⅳ. 재해·재난과 안전 중에서 01. 재해·재난이 일어나는 원인 단원을 선택하여 수업 주제와 평가방식을 설정하고, 책 『파란하늘 빨간지구』와 유튜브 채널 〈씨리얼〉 등의 매체를 참고하여 재해가 일어나는 원인을 살펴보고 기후위기에 대응하는 실천을 모색해보는 과정으로 구성하였다.

어떤 미디어를 선택할까

먼저 수업교재가 될 미디어로는 유튜브를 선택했다. 세계 최대 영상 플랫폼 유튜브의 위력은 어마어마하다. 청소년 미디어 사용실태 조사[33] 중 이용률 1위, 미래에 하고 싶은 직업 유튜버 1위 등의 왕관도 모자라 모든 정보는 유튜브에 있다고 할 정도로 정보가 넘친다.

학생들에게 유튜브 하는 시간을 물어보자 하루 6시간 이상 한다는 아이도 있었다. 아예 안 본다는 학생도 있어 평균을 계산해보니 대략 3시간 이상은 유튜브를 하고 있었다. 아이들은 관련 영상 때문에 계속해서 보게 된다고 말한다. 관련 영상은 비슷한 주제의 영상을 추천해주는 기능으로, 좋아할 만한 영상이 끊임없이 이어지는, 이른바 취향의 '개미지옥'이다.

유튜버 중에는 책을 소개하는 북튜버도 있다. 책의 내용을 영화처럼 소개하는 북트레일러의 등장으로 출판사들은 신간을 유튜브로 홍보하기도 한다. 북튜버와 북트레일러 앞에 사서교사인 나는 무력해진다. 이 밖의 분야에서도 종횡무진 활약하고 있는 유튜버들은 유튜브가 흥하면서 새롭게 부상한 이 시대의 연예인이다.

이러한 유튜브를 과연 학생들은 어떻게 소비하고 있을까? 최근 유튜버들의 '뒷광고' 의혹으로 대중들이 유튜브를 바라보는 환상이 한 꺼풀 벗겨졌다. 한 번이라도 더 클릭하게 하기 위해 더욱 더 자극적인 썸네일과 일명 '어그로'를 끄는 제목으로 조회 수의 노예를 만들어가는 유튜브의 어두운 뒷면. 시청자를 위한, 시청자를 의한 미디어라는 유튜브를 제대로 알아야 시청자로서 유튜브를 슬기롭게 활용할 수 있는 법이다. 유튜브로 수업한다니 기대부터 하는 학생들과 양질의 유튜브 영상을 탐색하여 분석하고, 나아가 환경에 대해 깊이 생각해볼 예정이다.

학습 주제 (단원명)	과학2 IV. 재해·재난과 안전 01. 재해·재난이 일어나는 원인	지도 학년	중학교 1학년
수업 설계 의도	1. 유튜브는 최근 10대 미디어 사용실태 중 이용률 1위를 기록하는 가장 주목받는 미디어이며 이를 슬기롭게 활용하기 위해 필요한 수업이라고 판단하여 학생들과 방과후 수업의 형태로 미디어 리터러시 수업을 진행한다. 2. 유튜브의 시작이 된 영상과 인기 있는 영상의 특성을 분석해보며 앞으로 우리가 해야 할 방향에 대해 안내한다. 3. '환경'을 주제로 한 유튜브 영상 감상을 통해 기후위기와 지구온난화에 관한 영상의 내용을 분석하고 그 결과를 SNS에 공유하여 기후행동을 실천하는 형태로 리터러시 능력을 높일 수 있도록 설계한다.		
학생 활동	1. 유튜브의 특성과 순기능 및 역기능을 이해한다. 2. 채널 〈씨리얼〉의 영상과 김도현 청소년 환경행동가의 강연을 감상하며 양질의 정보가 담긴 유튜브 영상을 분석하고 생성된 생각들을 공유한다. 3. 도서 『파란하늘 빨간지구』를 읽고 내용을 발췌하여 KWL차트에 정리한다. 4. 2020 UN 청소년 환경총회의 액션 플랜을 살펴보고 '나의 환경 액션 플랜'을 작성하여 실천 인증샷을 패들렛에 공유한다. 5. 환경 관련 양질의 유튜브 자료를 탐색하고 분석하여 패들렛에 공유한다.		
교사 역할	1. 리터러시의 개념 이해 2. 유튜브의 특성과 인기 있는 동영상의 특성, 순기능, 역기능에 대해 안내한다. 3. 유튜브 영상을 분석하는 방법과 활동을 안내한다. 4. 도서에서 필요한 정보를 발췌하여 읽으며 인쇄 매체의 정보활용방법을 안내한다. 5. 패들렛에 '나의 환경 액션플랜'과 '환경 유튜브 영상'을 아카이빙하고 공유할 수 있도록 안내한다.		

수업 과정

먼저 미디어의 올바른 이해를 위해 유튜브의 특성을 파악하는 수업을 구성했다. 유튜브의 시작, 유튜버, 유튜브를 사용하며 느낀 점, 유튜브의 빛나는 면과 어두운 면에 대해 실제 주된 사용자인 학생들과 솔직한 이야기를 나누었다. 지구온난화에 대한 경각심을 가지고 바로 기후행동으로 실천하는 것이 수업의 목적이므로 2차시는 청소년 기후행동 단체의 존재를 알고 유튜브 채널〈씨리얼〉과 김도현 청소년환경행동가의 강연 영상을 보며 내용을 분석했다. 3차시는 도서 『파란하늘 빨간지구』를 발췌독하며 필요한 정보를 KWL차트에 정리하여 정보를 지식으로 전환하는 과정을 거쳤다. 이어지는 시간에는 UN청소년환경총회의 액션 플랜 자료를 활용하여 각각 '기후위기 액션 플랜'을 작성하고 실천 인증샷을 패들렛에 업로드했다. 또한 지금 여기에서 함께 할 수 있는 기후행동으로 '환경에 대해 이야기하는 유튜브 영상'을 선별해 친구들에게 공유하고 댓글로 이야기 나누며 문제의식을 공유하고 실천의지를 다졌다.

1차시: 미디어와 나에 대한 올바른 이해

○

첫 번째 시간에는 유튜브에 대한 인식과 지식의 양을 파악하기 위해 유튜브에 대한 교육을 진행했다. 유튜브의 시작은 코끼리의 코가 정말 멋지다는, 어설픈 19초짜리 동물원 영상으로 시작되었으며 초기의 유튜브는 상대의 나이와 성별을 선택하면 유튜브가 무작위로 적절한 상대 이성의 영상을 골라주는 방식의 데이트

사이트로 구상되었다. 이 사실을 들은 나은이는 상상도 못 했다며 놀라워했다.

영상세대로 불리는 학생들에게 전국 10대 청소년 미디어 이용행태의 조사 결과를 보여주며 물었다. "유튜브가 정말 온라인 동영상 플랫폼 이용률 1위 맞나요?" 학생들은 고개를 끄덕이며 "네, 완전요."라고 답했다. "유튜브에 안 나오는 게 없어요. 특히 관련 영상 기능은 끊임없이 좋아하는 영상을 추천해줘서 개미지옥 같아요."라고 말하는 학생도 있었다. 관련 영상이 어느 순간 자신의 관심사로 꽉 차 있었으며, 재생한 영상 기반의 알고리즘에 의해 채택된 영상들로 채워지다 보니 어느 순간 다양한 영상을 접하기 어려워졌다고 했다. '정보의 편향성'이 아쉽다는 의견이 이어졌다. 학생들은 유튜브를 보는 이유에 대해 다양한 콘텐츠를 제공해주고 다른 미디어보다 재밌는 콘텐츠가 많기 때문이라고 답했다.

우리나라의 유튜버 순위표[34]를 제시하며 알고 있는 유튜버들에 대해서도 이야기를 나누었다. 학생들이 주로 보는 유튜브 영상은 게임, 먹방, 일상을 보여주는 방송, 음악 연주 및 커버 음악 방송 분야가 많았다. 구독자를 달성하면 받을 수 있는 버튼 시스템과 구독자 5,000만 명이 넘어 한국 최초로 루비버튼을 받게 된 그룹 '블랙핑크'에 대해서도 이야기를 나누었다.

이어서 유튜브를 사용하며 느낀 점이나 건의하고 싶은 것에 대해 생각해보고 정리하는 시간을 가졌다. 유튜브의 주 사용자답게 학생들은 실현 가능한 의견들을 다양하게 제시했다. 윤주는 영어 댓글이 '좋아요' 수가 많지 않음에도 위에 올라와 있다며 다른 나라 언어와 한국어로 댓글을 분리해서 볼 수 있는 기능이 있으면 좋을 것 같다고 이야기했다. 현진이는 게임에서 특정 욕설이나 단어가 금지어로 설정된 것처럼 댓글을 달 때 필터링 기능이 있으면 댓글창이 훨씬 깨끗해질 것 같다고 의견을 주었다. 케빈 알로카의 TED 강연을 인용하여 유튜브 영상이 영향력을 갖게 되는 3가지 조건①을 이야기하였다. 우리 모두 미래의 유튜버가 될 수 있으니 잘 지켜보자는 말에 학생들의 눈빛이 초롱초롱해졌다.

마지막으로 유튜브의 힘과 부작용에 대해서도 의견을 나누었다. 시청자를 위한, 시청자에 의한 미디어를 대표하는 유튜브는 조지 플루이드 사건처럼 권력이 감추려 하는 진실을 드러내고 부당한 세상을 바꾸는 데 기여하는 힘을 가진다. 사람들은 생생한 현장의 모습을 직접 촬영하여 영상을 올리며 진실을 알렸다. 반면에 유튜브의 세계에서 조회 수란 곧 권력이기에 이에 따른 부작용이 나타나기도 한다. 예를 들어 최근 유명 유튜버들이 광고로 제공받은 물건을 '내돈내산'이라고 홍보하여 물의를 빚은 일이 있었다.

유튜브는 사용자의 적극적인 참여로 움직이는 미디어이므로 유튜브를 건강하게 만들 수 있는 주체 역시 사용자들임을 알고 유튜브를 스마트하게 활용해야겠다고 결론을 지으며 수업을 마쳤다. **활동지** ①

---

① 유튜브 영상이 인기를 얻게 되는 3가지 조건: ① 유행을 일으키는 사람들 ② 참여하는 커뮤니티들 ③ 불확실성

2차시: 유튜브 영상 보고 분석하기

기후위기의 심각성을 경고하는 유튜브 채널 〈씨리얼〉의 '과학자들이 아무리 말해도 당신이 현실 부정하는 10년 후 팩트'와 EBS 교양 프로그램의 '10대가 말하다 틴스피치-청소년 기후행동 활동가 김도현'을 감상했다. 김도현은 '청소년 기후행동'의 활동을 이끌며 기후행동 시위에도 앞장선 청소년 활동가이다. 영상 내용을 간략히 요약하고 감상을 정리한 후, 제작자, 내용, 형식, 사용자 측면에서 분석해보는 시간을 가졌다. 마지막으로 이 영상의 댓글 중에서 인상 깊었던 댓글을 골라 소개했다. 댓글이 없다면 어떤 댓글을 달고 싶은지 활동지에 작성했다. **활동지** ②

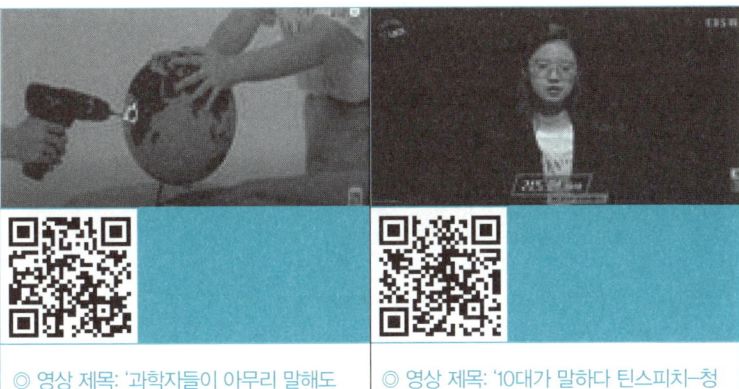

- ◎ 영상 제목: '과학자들이 아무리 말해도 당신이 현실 부정하는 10년 후 팩트'
- ◎ 영상 설명: 이제 기후는 300만 년 지구 역사상 한 번도 없었던 속도로 변하고 있습니다. 그 대가를 짊어질 사람은 화석연료를 마구마구 쓴 이전 세대도, 우리의 다음 세대도 아닌, 바로 우리입니다.

- ◎ 영상 제목: '10대가 말하다 틴스피치-청소년 기후행동 활동가 김도현'
- ◎ 영상 설명: '바뀐다고 믿어야 바뀐다.' 세상이 바뀔 수 있다는 믿음으로부터 변화가 시작되고, 누구든 환경 운동가가 될 수 있으며 모두가 환경 운동을 해야 하는 시대를 살아가고 있다는 '청소년 기후행동 활동가' 김도현 학생의 스피치 영상입니다.

3차시: 책 『파란하늘 빨간지구』 비판적으로 읽기

○

심화학습으로 영상의 출연자 중 한 명이자 전 국립기상과학원장이자 대기과학자인 조천호 작가의 도서 『파란하늘 빨간지구』 중 가장 직설적으로 기후위기에 대해 이야기하는 '지구 위기가 곧 인간 위기다'와 지구온난화를 1.5도 이내로 막기 위해 주어진 시간이 얼마 남지 않았음을 알려주는 '시간은 우리 편이 아니다'를 발췌하여 읽어보고 KWL차트로 정리하면서 필요한 정보를 지식으로 전환하는 시간을 가졌다. 내용 중에 가장 기억에 남는 구절과 그 이유도 함께 기록했다. 활동지 ③

TIP 발췌독 활동 시 활용하기 좋은 KWL차트

> KWL차트는 읽기 전에 알고 있었던 것, 읽고 나서 새롭게 알게 된 것, 더 알고 싶은 것을 정리할 때 유용하다. 독서 전·중·후 학습자의 상황을 구체적으로 제시하는 학습조직자로서 독서 전·중·후 상황에 작성할 경우 학습자의 독서력뿐만 아니라 도서를 얼마나 이해하고 있는지 객관화하는 도구가 된다.

4차시: 실천 계획 세우고 인증샷 올리기

○

2020 UN청소년환경총회는 올해 9월 19일과 26일에 두 차례 진행되었다. 코로나의 여파로 화상회의를 통해 진행되었고 기후

위기와 팬데믹을 주제로 전국의 초·중·고등학생이 참여하여 합의한 결의안과 액션 플랜을 발행하였다.[35] 직접 UN청소년환경총회에 참가하지는 못했지만 환경에 관심 있는 학생들이 모두 모인 자리인 만큼 어떤 액션 플랜을 세웠을지 기대되었다. 중등부 네 개 위원회의 액션 플랜 20개를 차근차근 살펴보고 각자 자신의 기후위기 액션 플랜 다섯 가지를 새롭게 정해보았다.

각자 정한 기후위기 액션 플랜을 패들렛에 기록하고 어떤 행동을 했는지 인증샷을 자신의 액션 플랜 글 아래에 추가했다. 참여하는 사람들끼리 서로의 액션 플랜과 인증 상황을 공유하고 '좋

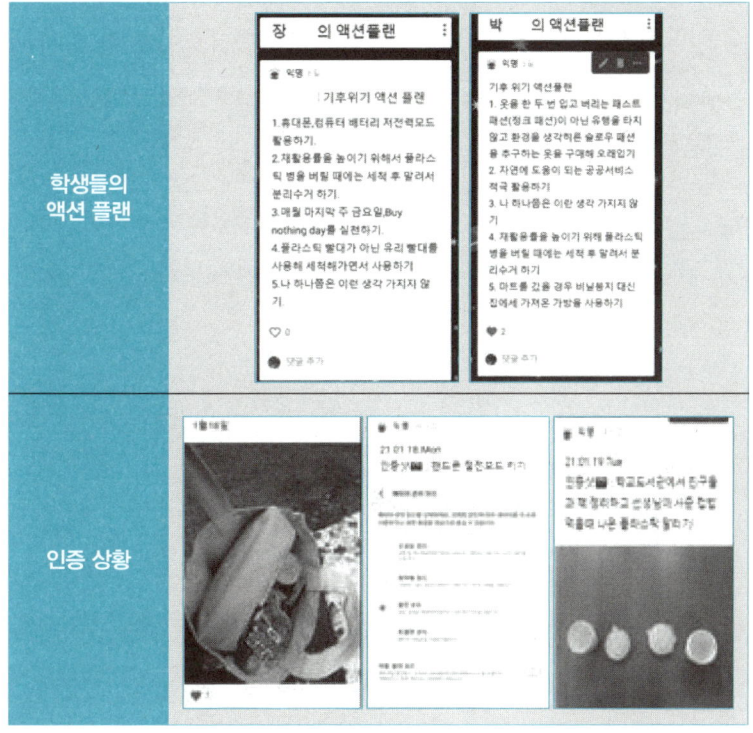

아요' 등의 피드백도 해주었다.

5차시: 양질의 유튜브 자료 패들렛에 공유하기
o

환경과 기후위기를 주제로 한 마지막 시간, 우리는 "지금 할 수 있는 행동으로는 어떤 것들이 있을까?"라는 질문에 대한 답이 필요했다. 먼저 '청소년 기후행동' 홈페이지를 함께 살펴보았다. 가장 적극적으로 행동하는 단체답게 단체 소개와 발자취, 언론 보도 자료 등을 자세히 아카이빙해놓고 있었다. '청소년 기후행동'은 우리의 질문에 이렇게 말하고 있었다. 분리수거를 철저히 하거나 일상에서 전기를 절약하는 것 그 이상의 실천이 필요하다고. 우리의 권리를 자신의 목소리로 외쳐야 한다고.

"우리는 일상에서 스스로 할 수 있는 것을 하면서도 정부의 정책과 정치인들이 당장 대응할 수 있도록 우리의 권리를 자신의 목소리로 외쳐야 한다. 그 방법은 다양하다. 청소년 기후행동에서 함께 또는 따로 거리로 나가 자신의 목소리를 외치는 것. 내 주변 부모님과 친구들, 선생님에게 기후위기가 심각함을 알리고 함께 고민하자고 설득하는 것. 온라인에서 관련 정보들이 많이 퍼지도록 '좋아요'를 누르는 온라인 행동. 내가 투표권이 있다면 또는 없다면 부모님께 말씀드려서라도 기후위기 대응하는

정치인에 투표하는 것, 내 삶에서 기후위기를 어떻게 바라보고 앞으로의 미래를 꿈꿀지 계속 고민하는 것, 행동하는 단체와 사람들을 지지하고 후원하기 등이 있을 것이다." ('청소년 기후행동' 홈페이지에서)

학생들은 주변 사람들에게 기후위기가 심각함을 알리고 함께 고민하자고 설득하는 방법으로 우리의 활동을 공유하고 실천하기로 했다. 먼저 유튜브 환경 영상을 골라 알리는 일부터 시작했다. 환경 영상 중 양질의 영상을 골라 2차시에 배운 방식으로 평가한 후 온라인 협업 플랫폼인 패들렛에 공유하였다. 공유할 때는 영상의 제목(공유하는 영상의 제목을 나름대로 새로 정해서 씀), 공유한 이유, 영상을 보는 친구들에게 더 하고 싶은 말을 작성하고 영상을 본 친구들이 댓글로 감상평을 달 수 있도록 홍보하였다.

 TIP 온라인 협업 도구 '패들렛' 활용법

> 패들렛은 활동한 내용을 한 번에 직관적으로 살펴볼 수 있는 온라인 공동작성 도구이다. 사이트 접속 후 가입 즉시 제작하여 활용할 수 있다. 교사가 패들렛을 만들어두고 링크를 공유하면 학생들은 별도의 로그인 없이 접속하여 작성할 수 있다. 학생 여러 명이 동시에 글을 작성하거나 댓글을 추가하거나 공동으로 작업할 수 있으며 실시간으로 패들렛 작성 현황을 확인할 수 있다. 완성된 패들렛은 이미지 파일, PDF 파일 등으로 정리할 수 있다. 활동 내용에 따라 각각 다른 모양의 패들렛을 선택하여 꾸밀 수 있다.

한걸음 더

환경을 다룬 책·다큐멘터리·예능

	제목	저자 / 제작자	출판사 / 스트리밍 사이트
책	파란하늘 빨간지구	조천호	동아시아
	1.5도의 미래	윤신영	나무야
	지구를 살리는 영화관	권혜선 외	서해문집
	우리는 플라스틱 없이 살기로 했다	산드라 크라우트바슐	양철북
	쓰레기 제로 라이프	실비 드룰랑	북스힐
	오늘도, 녹색 이슈	김기범	다른
	환경과 생태 쫌 아는 10대	최원형	풀빛
	나무를 심은 사람	장 지오노	두레
	쓰레기 책	이동학	오도스
	플라스틱 섬	이명애	상출판사
다큐멘터리	노바 – 기후 변화 탐구	PBS	넷플릭스
	우리의 지구	데이비드 애튼버러	넷플릭스
	우리의 지구: 끝나지 않은 여정	데이비드 애튼버러	넷플릭스
	데이비드 애튼버러: 우리의 지구를 위하여	데이비드 애튼버러	넷플릭스
예능 프로그램	지구형 인간	JTBC	왓챠 등
	인간의 조건 1 1회~5회 : 쓰레기 없이 살기 6회~10회 : 자동차 없이 살기	KBS	KBS 등

수업을 마치며

　'청소년 기후행동'의 학생들은 자료를 모으고 인터뷰하는 과정에서 가장 듣기 싫었던 말이 "어린데 기특하네."였다고 한다. 좋은 뜻으로 한 말이라는 것은 알지만 기특하다는 칭찬만으로 끝나는 경우가 많아 안타까웠다는 것이다. '10년 후 멸종위기종'이 되지 않기 위해 지금 행동하자는 이들의 영상과 인터뷰는 함께 모인 학생들에게 "우리도 한번 해보자"라는 열정을 북돋웠다.

　학생들의 일상 속으로 들어온 유튜브를 통해 〈씨리얼〉 채널의 직관적이고 충격적인 기후위기 영상이나 '청소년 기후행동' 단체의 존재를 접할 수 있다는 점에서 유튜브는 시청자에 의해 활용도가 새롭게 변화하는 미디어임이 분명해 보인다. 미디어를 잘 활용하여 환경에 대한 관심과 문제의식을 느끼고 기후행동을 실천한다면 슬기로운 시청자에 머물지 않고 언젠가 멸종 위기에서도 우리를 구할 수 있을 것이다. 이 수업을 통해 나 역시 어른으로서 '먼저 실천하지 못한 미안함'을 느끼며, 환경 동아리를 만들고 싶다는 주윤이와 지우의 소원도 이뤄주고 싶어졌다.

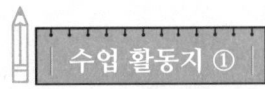

미디어와 놀자 1차시	유튜브로 읽는 환경과 기후위기		
오늘의 활동	・유튜브 시청습관 조사 ・유튜브에 바란다	학번	이름

✓ 나의 유튜브 시청 습관

평균 시청 시간은?	① 30분 미만 ③ 1~2시간	② 30분~1시간 ④ 2시간 초과
하루 중 언제 유튜브를 시청하나요? (중복 가능)	① 아침 ③ 이동 중 ⑤ 기타	② 방과후 ④ 자기 전
주로 보는 채널의 주제는 무엇인가요? (중복 가능)	① 먹방 ③ 연예인 ⑤ 기타	② 게임 ④ 뷰티
유튜브를 보는 이유는? (중복 가능)	① 심심해서 ③ 유익해서 ⑤ 기타	② 재밌어서 ④ 습관이 돼서
유튜버가 되고 싶다고 생각한 적이 있다면, 그 이유는 무엇인가요? 자유롭게 말해보세요.		

출처: 『유튜브에 빠진 너에게』

✓ 나와 친구들의 유튜브 사용에 대하여 느낀 점이나 건의하고 싶은 것이 있다면 함께 이야기를 나눠봅시다.

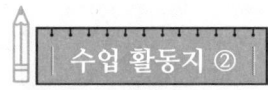 수업 활동지 ②

미디어와 놀자 2차시	유튜브로 읽는 환경과 기후위기		
오늘의 활동	· 유튜브 〈환경관련 영상〉 읽기 · 내가 뽑은 베스트 댓글	학번	이름

✓ 유튜브 채널 <씨리얼>의 '과학자들이 아무리 말해도 당신이 현실 부정하는 10년 후 팩트' 영상과 김도현 청소년 기후행동가의 발표 영상을 보고 내용을 정리해봅시다.

제목		게시자	
제작자	· 제작자는 다루고 있는 주제에 대해 잘 알고 있나요? · 왜 그렇게 생각하나요?		
내용	· 이 매체에는 어떤 가치가 반영(혹은 생략)되어 있나요? · 제작자는 무엇을 말하고 싶은 걸까요?		
형식	· 의미 전달을 위해 어떤 시각 이미지(사진, 그림, 영상)와 음향, 자막을 선정하였나요?		
사용자	· 어떤 사람을 대상으로 만들어졌나요?		
간략한 내용 요약			

✓ 함께 본 동영상에 달린 댓글 중에서 인상 깊었던 댓글을 고르고 그 이유를 소개해봅시다.

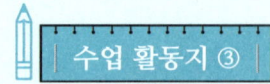

수업 활동지 ③

미디어와 놀자 3차시	유튜브로 읽는 환경과 기후위기		
오늘의 활동	• 『파란하늘 빨간지구』 발췌독 • KWL차트	학번	이름

✓ 이 책을 읽기 전에 알고 있었던 것, 읽고 나서 새롭게 알게 된 것, 더 알고 싶은 것 등에 대해 정리해봅시다.

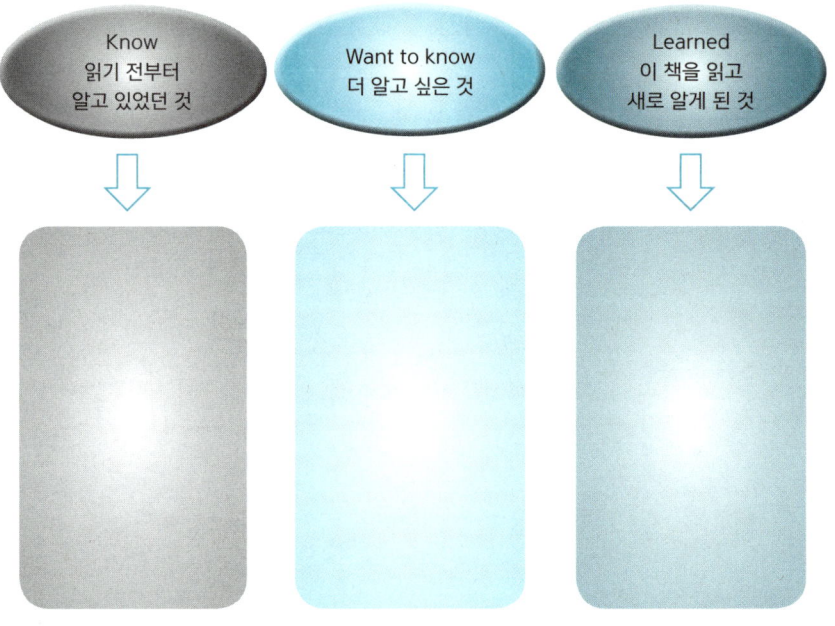

✓ 이 책에 나오는 내용 중에서 가장 기억에 남는 것은 무엇인지 간단하게 소개해보세요.

뉴스 기사로 읽는 다문화

수업 학년: 중학교 1학년
수업 시간: 총 5차시
수업 형태: 교과연계 도서관 활용수업
미디어: 뉴스 기사
활용 도서: 『류명성 통일빵집』(박경희 지음, 뜨인돌)
관련 교과: 도덕1. Ⅲ.사회·공동체와의 관계 2.문화 다양성 (3)다문화 사회의 갈등을 해결하려면 어떻게 해야 하는가?
사회1. Ⅳ.다양한 세계, 다양한 문화 (3)문화의 공존과 갈등

청주 가경중학교 사서교사
정경진

왜 '다문화'인가

요즘 우리는 생활 속에서 외국인을 심심찮게 만난다. 외국 국적의 동포, 결혼 이민자, 외국 유학생 또는 근로자 등이 늘어나면서 우리나라도 다문화 사회에 진입하였다. 통계청의 인구주택총조사결과(2018)에 따르면 다문화 가구원의 수가 전년도 대비 5만 명이 증가하여 100만 명을 돌파했다고 한다. 이는 우리나라 전체 인구의 2%를 차지한다. 학교 현장의 다문화가정 학생 수도 매년 증가하여 2019년 초등학생 10만 3,881명, 중학생 2만 1,693명, 고등학생 1만 1,234명, 각종 학교 417명 등 총 13만 7,225명에 이르고 있다. 저출산의 여파로 국내 학령기 아동이 매년 격감하는 상황에서 다문화가정 학생 수가 증가하면서 전체 학생 가운데 다문화가정 학생이 차지하는 비율은 계속 상승하고 있다.[36]

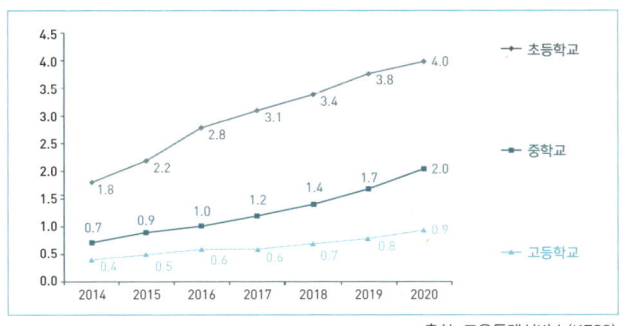

2020 다문화가정 학생비율

출처: 교육통계서비스(KESS)

　　다문화 시대에 우리나라가 단일 민족으로 구성되었다는 편향된 견해는 우리를 순혈주의라는 틀 안에 가두고 있다. 우리 사회 안에서 생활하고 있는 피부색이 다른 타국민에 대한 근거 없는 차별과 우월 의식은 많은 사회 분란을 일으킨다. 단지 피부색과 국적이 다르다는 이유로, 그들을 무시하고 차별하는 기만적인 행위는 현시대에 어울리지 않는다. 변화된 현실을 직시하고 이상적인 행복 공동체 구성을 위하여 학생들의 다문화 이해도를 함양하고 인식을 개선하고자 이번 수업을 기획하였다.

어떤 수업에 적용할까

　　다문화 이해를 주제로 수업을 진행하고자 교과서를 펼쳤다.

도덕 교과의 문화 다양성이란 부분에 적용하면 좋을 것 같아 바로 도덕교사를 찾아갔다. 뉴스 리터러시를 이용하여 다문화 사회의 갈등 해결방안을 모색해 보자는 제안에 도덕교사도 흔쾌히 뜻을 같이해주었다.

어떤 미디어를 선택할까

수업 교재가 될 미디어로 뉴스 기사를 선택했다. 뉴스 기사는 사회 곳곳에서 일어나는 다양한 사건들을 신속하게 알려주는 매체이다. 뉴스 기사를 통해 우리는 직접 눈으로 보거나 경험할 수 없는 지구촌 구석구석의 다양한 사건들을 접할 수 있다. 하지만 가짜 뉴스가 난무하여 피해를 보는 사례가 다수 발생하고 있으며 인터넷 상에서는 클릭 수를 높이고자 낚시성 제목의 기사와 어뷰징 기사들이 속출하고 있다. 학생들이 많이 사용하는 포털 사이트에서 접하는 뉴스 기사들의 문제점과 올바른 뉴스 기사 활용법을 알려주고자 이번 수업의 미디어로 뉴스 기사를 선택하였다.

'다문화 이해'를 주제로 한 단편 소설을 함께 읽고 이야기를 나누는 것으로 수업을 시작하였다. 그리고 뉴스 기사에 대해 알아

보고 빅카인즈 사이트 bigkinds.or.kr에서 뉴스 기사 검색법을 소개한 뒤 사회에서 일어나고 있는 다문화 관련 이슈, 사건 등을 파악하여 세상을 읽어보는 시간을 가졌다. 검색한 뉴스 기사 중 가장 기억에 남는 기사를 활동지에 정리하면서 비판적 기사 읽기를 지도하였다. 또한 낚시성 기사[①]와 어뷰징 기사[②], 가짜 뉴스 사례를 소개하여 비판적 사고를 할 수 있도록 설명하였다. 마지막 시간에는 배운 내용을 종합하여 미래의 다문화 사회에서 접하고 싶은 기사를 상상하여 모둠별로 가상의 기사를 작성해 보았다.

학습 주제 (단원명)	도덕① Ⅱ. 사회·공동체와의 관계 2. 문화 다양성 03. 다문화 사회의 갈등을 해결하려면 어떻게 해야 하는가	지도 학년	중학교 1학년
수업 설계 의도	1. 뉴스 기사는 사회 속에서 살아갈 학생들이 꼭 활용해야 하는 매체이므로 바르게 활용할 수 있도록 안내한다. 2. 뉴스 리터러시의 뜻과 가짜 뉴스 판별법을 알아보고 뉴스 기사를 비판적으로 읽을 수 있도록 수업을 설계한다. 3. 뉴스 기사 검색을 통해 사회에서 일어나고 있는 다문화 관련 사건들을 파악하여 글로 나타내고, 이를 모둠별로 공유하여 사회에 관심을 가지도록 한다. 4. 다문화 사회에 일어났으면 하는 사건을 기사로 제작해 보고 공유함으로써 다문화 사회를 긍정적으로 바라보며 생각의 틀을 확장할 수 있도록 설계한다.		
학생 활동	1. 뉴스 리터러시의 개념과 가짜 뉴스에 대해 이해한다. 2. 뉴스 검색을 통해 다문화 사회에서 일어나고 있는 일들을 파악한다. 3. 모둠별 뉴스 기사를 작성하며 다문화 사회에서 함께 살아갈 모습을 상상한다.		
교사 역할	1. 뉴스 리터러시의 개념을 학생들에게 안내한다. 2. 가짜 뉴스 판별법을 안내한다. 3. 뉴스 기사 검색법 및 작성법을 지도한다.		

[①] 낚시성 기사 click bait: 자극적이거나 과장된 제목으로 포장해 기사 본문 내용과 거리가 있는 기사
[②] 어뷰징 abusing: 오용, 남용, 폐해, 학대 등을 뜻하는 말로 인터넷 포털 사이트에서 중복·반복 기사를 전송하거나 인기 검색어에 올리기 위해 클릭 수를 조작하는 행위

1-2차시: 소설 읽고 다문화 청소년 이해하기

○

독서만큼 우리 삶에 유익한 것이 있을까? 독서를 통해 다른 사람들의 삶을 간접 체험할 수 있고 그로 인해 세상을 보는 생각의 틀을 확장할 수 있기에 독서는 다문화 사회를 살아가는 우리 모두에게 꼭 필요하다고 생각한다. 그래서 다문화 이해 수업의 첫 시간을 단편 소설 읽기로 준비하였다. 함께 읽을 책으로는 북한 이탈 청소년이 주인공으로 등장하는 박경희 작가의 『류명성 통일빵집』을 선정하였다. 다문화란 한 사회 안에 여러 민족이나 여러 국가의 문화가 혼재하는 것을 이르는 말로 흔히 우리와 피부색이 다른 사람들을 떠올리는데 북한 이탈 주민도 다문화에 속한다는 것을 학생들이 인지하기를 바라며 준비하였다.

이 책의 표제작은 북한 이탈 청소년 '류명성'의 이야기이다. 북한을 탈출하고 대한민국에 와서 제빵사로 일하며 여동생을 북한에서 탈출시키는 과정에서 벌어지는 일들을 짧게 다루고 있는데, 주인공들의 대화를 통해 남북 청소년의 상이한 문화를 알 수 있어 학생들이 흥미롭게 읽었다. 책을 나눠주고 모둠별로 10분가량 소리 내어 읽게 하였다. 모둠에서 가장 머리카락이 긴 친구(또는 안경 쓴 친구 등)부터 책 읽기를 시작하는데, 틀리게 읽는 부분이 나오면 그것을 처음 발견한 친구가 이어 읽는 방식으로 진행하였다. 쾌활한 학생들이 모인 모둠은 박장대소하며 진행되는 반면 조용한 친구들로 구성된 모둠은 차분하게 진행되는 모습을 볼 수 있었다. 10분이 지난 후에는 각자 눈으로 읽게 하였다. 책 읽기를 빨리 마친 학생은 책 뒤편에 수록된 「자그사니」와 「책 도둑」을 계속 읽도록 지도하였다. 수업을 마친 후 책을 더 읽어보고 싶다고 빌려 가는 학생들도 여럿 있었다. 북한 이탈 청소년을 대안학교에서 지도하고 있는 작가분이 쓰신 이야기로 생생한 묘사가 학생들의 흥미를 유발한 듯 보였다. 대부분의 학생들은 1차시에 독서를 완료하였고, 2차시에는 활동지에 읽은 내용을 기록하고 소감을 나누는 시간을 가졌다. 활동지 ①

3차시: 뉴스 기사 올바르게 이해하기

○

이 시간에는 뉴스를 올바르게 이해하기 위해 뉴스 기사문의 개념과 특성, 작성법 등을 설명하고 준비한 기사문을 보여주며 기사문 작성 원칙에 맞게 잘 쓰였는지 살펴보았다. 뉴스의 정확성에 대해 언급하며 모든 기사를 다 신뢰할 수 있는지 묻자 학생들은 모두 그렇지 않다고 답했다. "왜 신뢰할 수 없다고 생각해요?"라고 되묻자 "틀린 정보를 전하는 기사도 있어요." "가짜 뉴스 때문에요"라는 답변이 이어졌다. 그래서 준비한 뉴스 기사 자료(황토팩 사건, 우지 라면 사건, 불량 만두 사건)를 보여주며 함께 생각해보는 시간을 가졌다.

황토팩 사건 　　　　우지 라면 사건 　　　　불량 만두 사건

　　청소년의 매체별 뉴스 이용률을 살펴보면, 모바일 인터넷이 61.6%로 가장 높았고, 텔레비전이 52.8%로 그 뒤를 이었다. 다음으로 PC 인터넷(33.1%), 종이 신문(7.8%), 라디오(7.2%), 잡지(3.4%) 순이었다.[37] 요즘 학생들은 종이 신문이 아닌 SNS와 인터넷을 이용하여 뉴스를 보는 경우가 대부분이기에 낚시성 기사, 어뷰징 기사에 대해서도 설명해 주었다. 〈매일경제〉에 발표된 기사의 제목을 보여주고 어떤 내용이 있을지 상상해보게 한 후 기사 원문을 보여주자 학생들 대부분이 "깜놀"이란 반응을 보였다. 어뷰징과 관련해서는 최근 박지선 씨 사망 사건과 관련하여 하루에 20건이 넘는 기사를 보도한 〈조선일보〉의 사례를 소개했다. 왜 이런 일이 발생하는지에 대해 학생들에게 질문하자 "클릭 많이 하게 하려고요." "클릭하면 돈을 버니까요"라고 답하였다. 학생들은 이런 기사들에 다음과 같은 공통점이 있다고 보았다.

　　- 자극적인 단어를 쓴다.
　　- '충격', '헉', '이럴 수가' 같은 호기심을 일으키는 단어가 나온다.
　　- 기사 제목에 따옴표를 넣는 경우가 많다.

- 유명인이나 연예인 이름을 내세워 클릭하게 만든다.

학생들이 발표한 내용을 정리하여 함께 살펴본 뒤 포털사이트나 검색 엔진의 알고리즘은 사람들이 많이 본 기사가 노출되도록 설계되었으며 이렇게 노출되어 클릭 수가 많은 기사가 수익을 창출하게 되는 구조임을 설명해주었다.

TIP 팩트 체크

'인포데믹Infodemic'이란?
정보information와 전염병epidemic의 합성어로 잘못된 정보가 미디어·인터넷 등의 매체를 통해 급속하게 퍼져나가는 것이 전염병과 유사하다는 데서 생겨난 용어이다.

가짜 뉴스 판별 가이드	온라인 허위 정보 대응 방법
1. 출처 밝히기 2. 본문 읽어보기 3. 작성자 확인하기 4. 근거 확인하기 5. 날짜 확인하기 6. 풍자 여부 확인하기 7. 선입견 점검하기 8. 전문가에게 문의하기 (국제도서관연맹)	1. 정보의 출처를 확인합시다. 2. 저자를 확인할 수 있나요? 3. 언제, 어디에서 만들어진 것인지 확인할 수 있나요? 4. 다른 정보를 추가적으로 찾아보았습니까? 5. 정보가 과도한 불안을 줍니까? (유럽위원회, FIRST DRAFT)

〈참고 사이트〉
1. 서울대학교 언론정보연구소 SNU팩트체커센터 factcheck.snu.ac.kr
2. 팩트체크넷 factchecker.or.kr
3. 팩트 체크 전문 미디어 '뉴스톱' newstof.com
4. 아넨베르크 공공 정책 센터 프로젝트 factcheck.org

4차시: 뉴스 기사 검색하기

○

　이번 시간에는 전문 뉴스 검색 엔진을 이용한 뉴스 기사 검색법을 알아보고 직접 검색하여 정리하는 시간을 가졌다. 전문 뉴스 검색 엔진으로 네이버 뉴스 라이브러리와 빅카인즈를 소개하였다.

　네이버 뉴스 라이브러리는 1920년부터 1999년까지 발간된 종이 신문을 그대로 디지털화하여 웹상에 구현해놓은 것이 특징이다. 일제 강점기 시대의 기사를 검색해서 볼 수 있다는 사실에 아이들이 놀라워했다. 한 학생의 생일을 선택하여 학생이 태어난 날 어떤 기사가 실렸는지 함께 찾아보며 이야기를 나누었다. 네이버 뉴스 라이브러리는 과거에 일어났던 사건들이나 시대적 상황을 알고 싶을 때 활용하면 좋다고 안내하였다.

　빅카인즈는 신문, 방송 등 국내 54개 주요 언론사의 최신 뉴스가 매일 업데이트되는 곳으로 30년간 6,800만 건의 뉴스를 축적한 국내 최대의 공공 뉴스 아카이브이다. 단순 키워드 검색에

빅카인즈에서 뉴스 기사를 검색하는 학생들

익숙한 학생들에게 상세검색 활용법을 설명해주고 빅카인즈를 활용하여 다문화 관련 기사를 검색해 살펴본 다음 가장 기억에 남는 기사를 선정하여 활동지에 기록하도록 안내하였다. **활동지 ②**

5차시: 모둠별 뉴스 기사 작성하고 발표하기

마지막 시간에는 4차시에 모둠원 친구들이 활동지에 정리한 기사를 교환하여 읽어보고 그중 우리가 바라는 다문화 사회의 긍정적인 기사 내용을 스캠퍼SCAMPER 기법[3]을 이용하여 작성해보았다. 막연히 상상으로 글을 쓰는 것보다 실제 있었던 사건에 인물이나 사건을 추가, 대체, 제거하면서 기사문을 작성하니 학생들이 훨씬 흥미로워하였다.

수업 종료 20분 전 모둠별로 작성한 기사 발표 시간을 가졌다. 한 모둠에서는 코로나 시대에 걸맞게 우리 학교에서 다문화 가정 학생에게 160장의 마스크를 지급했다는 훈훈한 기사를 제작·발표하여 많은 박수를 받기도 하였다. 모둠 대표가 작성한 기사문을 읽어줄 때 다른 모둠의 친구들은 평가지에 4가지 기준(사실성, 체계성, 간결성, 흥미성)에 따라 점수를 부여하는 평가를 실시

---

[3] 스캠퍼SCAMPER 기법: 밥 에벌Bob Eberle이 고안한 아이디어 촉진 질문법으로 Substitute(대체하기), Combine(조합하기), Adapt(응용하기), Modify(수정·확대·축소하기), Put to other use(다른 용도로 사용하기), Eliminate(제거하기), Reverse(반대로 하기)의 7가지 질문을 사용하여 새로운 아이디어를 떠올리는 데 도움을 줌.

하였다.

끝으로 모둠별 작성 기사에 대한 성찰의 시간을 가졌다. 학생들은 활동지에 제시한 좋은 기사의 요건에 따라 본인들이 작성한 기사를 냉철하게 판단하고 분석했다. 혼자 하면 어려웠을 뉴스 기사 쓰기 활동을 모둠원들과 함께 할 수 있어 좋았다는 의견이 많았으며, 뉴스 기사에 어울리는 이미지를 손으로 그리지 않고 컴퓨터를 사용하여 적절한 사진을 제시했다면 기사의 완성도를 더 높일 수 있었을 것이라는 의견도 제시되었다. 학생들은 상상 속 다문화 사회에서 일어날 좋은 뉴스 기사 제작하기를 통해 다문화 사회를 긍정적으로 받아들이고 자연스럽게 다문화 사람들을 이해하게 되었으며 조화롭게 살아가는 방법에 대해서 배울 수 있었다.

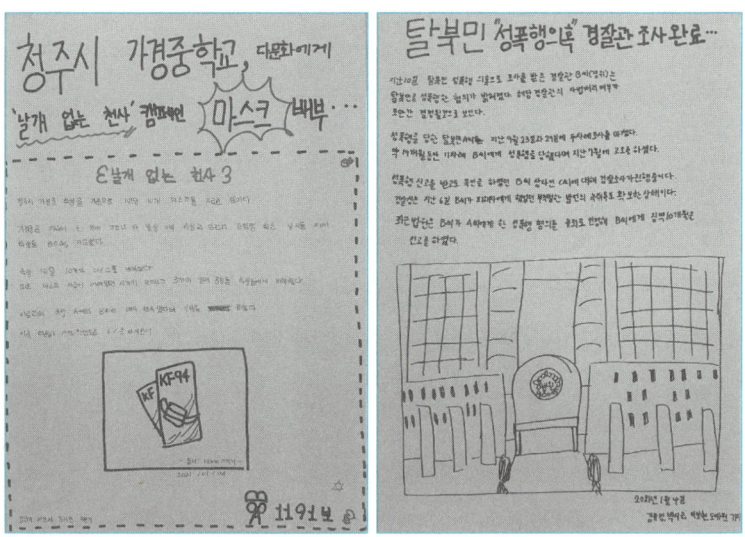

학생 결과물

수업을 마치며

　미디어를 통해 접하게 되는 정보는 사람들에게 상당한 영향을 끼친다. 같은 내용이라도 신문과 뉴스를 통해 전달되면 그 내용에 권위와 신뢰가 실린다. 중국의 고사성어에 '삼인성호三人成虎'라는 말이 있다. 세 사람이 우기면 없던 호랑이도 만들어낸다는 이야기이다. 뉴스는 정보와 오락을 제공해주는 편리하고 고마운 도구이지만 그 영향력이 크기 때문에 현명하게 이용해야 한다. 우리 학생들이 뉴스로 제공되는 기사들을 곧이곧대로 받아들이기보다 뉴스를 객관적이고 비판적으로 분별할 수 있기를 바라는 마음에 뉴스 리터러시 교육을 다문화 사회의 갈등과 연결하여 수업을 실시하였다.

　사실 도덕 선생님과 수업에 어떤 미디어를 사용할지 고민할 때 처음에는 뉴스 기사를 읽고 다문화 친구를 인터뷰하는 것으로 계획을 세웠다. 그런데 코로나로 학생들의 등교가 제한되어 또래 친구들 간의 래포 형성이 되지 않은 상태에서 인터뷰를 한다는 게 다문화 학생들에게 불편함을 줄 것 같았다. 그래서 인터뷰 대신 다문화 기사를 바탕으로 각자 바라는 다문화 사회의 미래 가상 기사를 작성해 보는 것으로 계획을 변경했다. 희망적이고 밝은 뉴스를 접하게 될 때 다문화 사회에 대한 좋은 그림을 그릴 수 있다는 생각이 들었기 때문이다.

다문화 사람들은 매년 그 수가 증가하고 있으며 앞으로 우리의 친구가 되고 동료가 되고 나아가 가족이 될 것이다. 우리는 그들과 '함께 어울려 살' 준비가 되어 있는가? 다문화 사회에서 살아가는 우리 모두 피부색이나 부모의 나라에 상관없이 서로를 존중하며 마음껏 행복한 미래를 꿈꿀 수 있길 바란다.

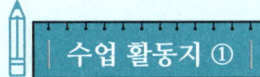

수업 활동지 ①

〈민주시민교육〉 다문화 바로 알기　　**도덕-도서관 활용수업**

다문화에 대해 얼마나 알고 있니?(소설 읽기)　　학번　　　　이름

잠깐! 책 읽기 전에! '다문화' 하면 떠오르는 키워드 세 가지 정도 적어볼까요?
(　　　　), (　　　　　), (　　　　　)

☑ 『류명성 통일빵집』을 읽고 다음을 작성해봅시다.

1. 줄거리

2. 등장인물이 한 말과 행동 중 인상 깊은 것
　인상 깊은 말:
　인상 깊은 행동:

3. 등장인물을 보며 느낀 점

4. 등장인물에게 하고 싶은 한마디

☑ 새롭게 알게 된 단어를 사전을 찾아 정리해봅시다.

1.
2.
3.

☑ 이 책을 통해 북한/탈북민에 대해 알게 된 사실을 정리해봅시다.

1.
2.
3.

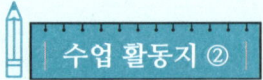

〈민주시민교육〉 다문화 바로 알기		도덕-도서관 활용수업	
다문화에 대해 얼마나 알고 있니?(기사 읽기)	학번		이름

1. 작성일	월 일 교시		
2. 기사 제목			
3. 기사 파악 출처 밝히기: 기자 이름, 기사 제목, 게재일, 신문 이름 순으로 정리!	책, 신문, 동영상 등의 정보를 분석할 때 ①사실, ②전문가의 의견, ③통계, ④사례 등을 수집할 것		
	이 기사를 선택한 이유는?	모르는 단어를 정리해보자.	기사의 주제는 무엇일까?
		1. 2. 3.	
	▷한 줄 댓글: 기사의 출처:		
4. 기사 정리 (육하원칙)	- 누가: - 언제: - 어디서: - 무엇을: - 어떻게: - 왜:		
5. 생각 정리	기사를 읽기 전 나의 생각(입장)	기자는 해당 기사 속에 나오는 사건이나 인물에 대해 어떤 입장인가?	기사를 읽은 후, 나의 생각은?

1 한국언론진흥재단, 「10대 청소년 미디어 이용 조사」, 한국언론신흥재단(2019)

2 마셜 매클루언(김상호 옮김), 『미디어의 이해: 인간의 확장』, 커뮤니케이션북스(2011)

3 통계청, '2019년 생활시간조사 결과', 통계청(2019)

4 최재붕, 『포노 사피엔스』, 쌤앤파커스(2019)

5 방송통신위원회, '디지털 미디어 소통역량 강화 종합 계획'(2020)

6 방송통신위원회, '디지털 미디어 소통역량 강화 종합 계획'(2020)

7 강진숙, 배현순, 김지연, 박유신, 「미디어 리터러시 교육과정 운영을 통한 시민역량 제고 방안 연구」, 교육부 정책연구보고서(2019)

8 방송통신위원회, '디지털 미디어 소통역량 강화 종합 계획'(2020)

9 김아미, 『미디어 리터러시 교육의 이해』, 커뮤니케이션북스(2015)

10 위키피디아, 'Media', wikipedia.org/wiki/Media_communication) (2021.01.10.)

11 최명원·홍성완, 「정보 전달매체(SNS vs. 종이인쇄물)에 따른 학습자의 읽기수행능력 비교 연구」, 〈텍스트언어학〉 41(2016), 351~376쪽

12 매리언 울프(전병근 옮김), 『다시, 책으로』, 어크로스(2019), 127쪽

13 매리언 울프(전병근 옮김), 『다시, 책으로』, 어크로스(2019), 127쪽

14 매리언 울프(전병근 옮김), 『다시, 책으로』, 어크로스(2019), 22쪽

15 이현정, '신문·잡지 잘 안 읽는 한국 학생 읽기 능력 12년 연속 내리막길', 〈부산일보〉 (2019.12.03.)

16 매리언 울프(전병근 옮김), 『다시, 책으로』, 어크로스(2019), 103쪽

17 강진숙, 배현순, 김지연, 박유신, 「미디어 리터러시 교육과정 운영을 통한 시민역량 제고 방안 연구」, 교육부 정책연구보고서(2019)

18 강진숙, 배현순, 김지연, 박유신, 「미디어 리터러시 교육과정 운영을 통한 시민역량 제고 방안 연구」, 교육부 정책연구보고서(2019)

19 전국학교도서관담당교사모임, 『학교도서관 희망을 꿈꾸다』, 우리교육(2007), 184쪽

20 강진숙, 배현순, 김지연, 박유신, 「미디어 리터러시 교육과정 운영을 통한 시민역량 제고 방안 연구」, 교육부 정책연구보고서(2019)

21 한국언론진흥재단 미디어연구센터, 「10대 청소년 미디어 이용 조사」, 한국언론진흥재단 (2019), 2쪽, 89쪽

22 고영만, '아이젠버그&버코위츠의 정보문해모형', 『정보문해론』, 한국도서관협회(2010), 70쪽

23 김경희 외, 『디지털 미디어 리터러시』, 한울아카데미(2018), 47쪽

24 송기호, 『학교도서관 운영의 실제』, 한국도서관협회(2008), 29쪽

25 폴 플라이쉬만(백영미 옮김), 『웨슬리나라』, 비룡소(2003)

26 하종강 외, 『하고 싶은 일 해, 굶지 않아』, 시사N북(2014)

27 네이버 영화검색, 〈족구왕〉, 〈소공녀〉, 〈걷기왕〉

28 우문기, 〈족구왕〉, 광화문시네마(2014)

29 봉준호, 〈기생충〉, CJ엔터테인먼트(2019)

30 노명우, 『호모 루덴스, 놀이하는 인간을 꿈꾸다』, 사계절(2015)

31 한국언론진흥재단, 「10대 청소년 미디어 이용 조사」, 한국언론진흥재단(2019), 71~73쪽

32 책읽는사회문화재단 이사, 북스타트코리아 총괄실장 이경근 님 연수자료

33 한국언론진흥재단, 「10대 청소년 미디어 이용 조사」, 한국언론진흥재단(2019)

34 녹스인플루언서, '우리나라 유튜버 구독자 순위', noxinfluencer.com

35 에코맘코리아, 'UN청소년환경총회 결의안 및 액션 플랜', ecomomkorea.org/notice/38

36 통계청, 「한국의 사회 동향」, 통계청(2019), 144~145쪽

37 한국언론진흥재단, 「10대 청소년 미디어 이용 조사」, 한국언론진흥재단(2019), 90쪽

부록

- 미디어 리터러시 연계 교과 단원
- 미디어 활용 수업 저작권 Q&A

미디어 리터러시 연계 교과 단원

청주 수곡중학교 사서교사 **윤희순**

국어

**1학년 1학기 국어 1. 표현의 즐거움 3) 감동과 즐거움을 주는 글 쓰기

주제		비유를 활용한 표현 만들기 – 노래 가사, 랩 가사 쓰기
성취기준		[9국03-08] 영상이나 인터넷 등의 매체 특성을 고려하여 생각이나 느낌, 경험을 표현한다.
학습목표		비유와 상징의 표현 효과를 바탕으로 작품을 수용하고 생산할 수 있다.
미디어 자료	영상	– 『랩으로 인문학 하기』 저자의 영상 클립 – 방탄소년단 「DNA」 뮤직 비디오
	간행물	– <문화웹진채널예스> '가요 속 좋은 가사를 찾아서'
	도서	– 『랩으로 인문학 하기』(박하제홍 지음, 슬로비) – 『이 한 줄의 가사』(이주엽 지음, 열린책들)

**1학년 1학기 국어 1. 표현의 즐거움 3) 감동과 즐거움을 주는 글 쓰기

주제		디카시 쓰기
성취기준		[9국03-08] 영상이나 인터넷 등의 매체 특성을 고려하여 생각이나 느낌, 경험을 표현한다.
학습목표		자신의 경험을 바탕으로 하여 독자에게 감동이나 즐거움을 주는 글을 쓸 수 있다.
미디어 자료	영상	– 박성우 시 「걱정마」 디카시 영상 – 송찬호 시 「비상」 디카시 영상
	사이트	– 한국디카시연구소 dicapoem.net
	도서	– 『겨울 나그네』(송찬호 지음, 디카시) – 『시시한 하루 시 같은 순간』(박종민 지음, SISO)

✱✱1학년 1학기 국어 2. 읽고 대화하고 3) 감동과 즐거움을 주는 글쓰기

주제		북트레일러 만들기
성취기준		[9국03-08] 영상이나 인터넷 등의 매체 특성을 고려하여 생각이나 느낌, 경험을 표현한다.
학습목표		책 한 권을 끝까지 읽으며 통합적인 독서 활동을 할 수 있다.
미디어 자료	영상	– 『체리새우 : 비밀글입니다』 북트레일러 – 『아몬드』 북트레일러 – 〈스마트폰으로 북트레일러 만들기〉 서울시청자미디어센터 – 책 소개 영상
	도서	– 『독서활동을 위한 북트레일러 활용 설명서』(최용훈 지음, 학교도서관 저널) – 『독서활동을 위한 북트레일러 활용 설명서-제작편』(최용훈 지음, 학교도서관 저널)

✱✱1학년 1학기 국어 3. 능동적 언어생활 (2) 어휘의 세계

주제		언어 사용 설명서 만들기
성취기준		[9국04-01] 언어의 본질에 대한 이해를 바탕으로 하여 국어 생활을 한다.
학습목표		일상생활에서 사용하는 언어를 이해하고 바른 언어 사용을 할 수 있다.
미디어 자료	영상	– 〈개그콘서트 박준형의 생활사투리: 나는 당신을 사랑합니다〉 – 국민대통합위원회 〈건강한 언어 사용, 세대 간 소통의 첫걸음〉
	영상 뉴스	– MBC 뉴스데스크 〈민법용어 쉬어진다〉
	드라마	– tvN 드라마 〈응답하라 1994〉 – SBS 드라마 〈닥터스〉, SBS 드라마 〈낭만닥터 김사부 2〉
	사이트	– 국립국어원 '우리말 다듬기' 누리집
	도서	– 『이야기가 있는 방언사전』(박미연 외 지음, 학교도서관저널) – 『급식체 사전』(광양백운고1학년학생들 지음, 학교도서관저널)

✱✱2학년 1학기 국어 1. 경험의 발견과 공감 (3) 공감하며 대화하기

주제		공감하며 대화하기
성취기준		[9국01-02] 상대의 감정에 공감하며 적절하게 반응하는 대화를 나눈다.
학습목표		상대의 감정에 공감하며 적절하게 반응하는 대화를 나눌 수 있다.
미디어 자료	영상	– EBS 지식채널ⓔ 〈조용한 가족〉 – EBS 지식채널ⓔ 〈말로도 때리지 마세요〉 – EBS 지식채널ⓔ 〈세상의 중심에서 나만 외치다〉 – EBS 인성채널ⓔ 〈당신의 듣기 점수는?〉
	영상 뉴스	– EBS 뉴스 〈호감도를 높이는 6가지 대화법〉
	뉴스	– 한겨레 〈말 한마디에 부모도 아이도 울고 웃어〉. – 중앙일보 〈돈 덩어리야, 너 같은 애 낳아 고생해 봐" 이런 말 참으세요?〉

부록 | 미디어 리터러시 연계 교과 단원

★★ 2학년 1학기 국어 > 1. 경험의 발견과 공감 > (3) 공감하며 대화하기

주제	언어폭력
성취기준	[9국01-12] 언어폭력의 문제점을 인식하고 상대를 배려하며 말하는 태도를 지닌다.
학습목표	언어폭력의 실태를 살펴보고 상대를 배려하는 말을 사용할 수 있다.
미디어 자료 — 영상	– KBS교양 〈안녕 우리말 – 마음의 멍, '언어폭력'〉
미디어 자료 — 영상 뉴스	– 연합뉴스TV 〈"엄마 없는 애가 까불어 xx놈아"… 끔찍한 언어폭력〉 – 스브스뉴스 〈실제 피해자의 경험을 바탕으로 한 사이버폭력 체험 앱, 직접 실행해본다면?〉
미디어 자료 — 뉴스	– 연합뉴스 〈중고생 24% "또래 친구들에게 언어폭력 당해"〉 – EBS SNS 뉴스 〈서울 청소년 44% "학교폭력 때문에 등교 거부 충동"〉 – 정신의학신문 〈감탄사로 일상적으로 사용하는 욕설–욕 중독〉 – 중부매일 〈더 이상 학교폭력의 방관자가 되지 말자〉 – SBS 뉴스 〈세종대왕을 울린 고등학생들〉
미디어 자료 — 도서	– 『언어폭력』(퍼트리샤 에반스 지음, 북바이북) – 『왜요, 그 말이 어때서요?』(김청연 지음, 동녘)

★★ 2학년 2학기 국어 > 4. 올바른 국어 생활 > (2) 매체 바르게 읽기

주제	뉴스리터러시
성취기준	[9국01-11] 매체 자료의 효과를 판단하며 듣는다.
학습목표	매체에 드러난 다양한 표현 방법과 의도를 평가하여 읽을 수 있다.
미디어 자료 — 영상	– EBS 지식채널ⓔ 뉴스 문맹1부 〈정말 아무 뉴스나 다 믿는구나〉 – EBS 지식채널ⓔ 뉴스 문맹2부 〈누구나 만드는 뉴스〉 – EBS 지식채널ⓔ 〈달콤한 거짓말: 우리 사회에 만연한 가짜 뉴스〉 – EBS 지식채널ⓔ 〈답은 정해져 있다〉 – 〈10대가 뉴스를 보게 하려면〉(국범근 쥐픽쳐스 대표 세바시 강연) – 〈뉴스 읽기 교육이 필요한 이유〉(강용철 경희여중교사 세바시 강연) – 〈이렇게 읽으면 똑똑해집니다〉(하대석 SBS기자 세바시 강연) – 모비딕 콜라보 〈세젤퀴–세상에서 젤 맛있는 퀴즈 1편~3편〉
미디어 자료 — 뉴스	– EBS 뉴스 〈진짜와 가짜를 구분하는 능력〉 – 한겨레 〈가짜 뉴스와 디지털 미디어 리터러시〉

미디어 자료	도서	- 『세상은 어떻게 뉴스가 될까』(홍성일 지음, 돌베개) - 『뉴스 사용 설명서』(모리 다쓰야 지음, 우리교육) - 『세상에 대하여 우리가 더 잘 알아야 할 교양 52: 가짜 뉴스, 처벌만으로 해결이 될까?』(금준경 지음, 내인생의책) - 『신문 읽기의 혁명』(손석춘 지음, 개마고원) - 『뉴스, 믿어도 될까?』(구본권 지음, 풀빛) - 『뉴스를 보는 눈』(구본권 지음, 풀빛)
	그림책	- 『늑대가 들려주는 아기돼지 삼형제 이야기』(존 셰스카 글·레인 스미스 그림, 보림) - 『감기 걸린 물고기』(박정섭 지음, 사계절) - 『그 소문 들었어?』(하야시 기린 글, 쇼노 나오코 그림, 천개의 바람) - 『바다 괴물 대소동』(달시 패티슨 글, 피터 윌리스 그림, 다림)

사회 1

✱✱ Ⅰ. 내가 사는 세계 > 3. 지리 정보와 지리 정보 기술

주제	우리 동네에서 만난 지리 정보 기술 활용 뉴스 만들기
성취기준	[9사(지리)01-02] 지리 정보가 공간적 의사 결정에 미친 영향을 분석하고, 일상생활에서 지리 정보 기술을 다양하게 활용한다.
학습목표	지리정보기술이 일상생활에서 어떤 도움을 주는지 사례를 찾아 말할 수 있다.

미디어 자료	영상 뉴스	- YTN 뉴스 〈서울시 전역 3D 지도 서비스 확대〉 - TBC 뉴스 〈문화재지리정보시스템 구축 시급〉
	뉴스	- 무등일보 〈'통합 플랫폼'으로 재난관리·도시문제 스마트하게〉 - 국민일보 〈강북구, 코로나 대응 위해 제작한 지리정보시스템 '효자 노릇'〉
	사이트	- 한국국토정보 〈GPS? GIS? 지리정보시스템(GIS) 파헤치기〉

✱✱ Ⅱ. 우리와 다른 기후, 다른 생활

주제	세계 기후의 특성
성취기준	[9사(지리)02-01] 기온과 강수량 자료를 분석하여 이를 기준으로 세계 기후 지역을 구분하고 인간 거주에 적합한 기후 조건에 대해 논의한다.
학습목표	세계 기후 지역을 구분할 수 있고 기후환경이 인간의 거주에 미치는 영향을 설명할 수 있다.

미디어 자료	영화	- 〈주토피아〉(바이런 하워드, 리치무어 감독, 2016) (바나 센트럴, 사하라 스퀘어, 툰드라타운, 레인포레스트, 버니버로 그리고 리틀 로덴샤라는 6개 구역의 기후, 각각의 구역은 기후와 습성에 따라 다른 특성을 지님)

미디어 자료	블로그	– 기상청 〈나라마다 기후는 어떻게 다를까?〉 – 기상청 〈날씨를 더 쉽게 이해하는 것! 지리학적 관점으로 알아보는 기상·기후〉 – 기상청 〈기후 구분으로 알아보는 동아시아 기후와 한반도 기후〉
	도서	– 『재미있는 날씨와 기후 변화 이야기』(김병춘 외 지음, 가나출판사) – 『빈이 들려주는 기후 이야기』(송은영 지음, 자음과모음) – 『요리조리 열어 보는 사나운 날씨와 기후』(에밀리 본 지음, 어스본코리아)

** Ⅲ. 자연으로 떠나는 여행

주제	구글어스로 떠나는 세계여행
성취기준	[9사 03-02] 해안지형으로 유명한 세계적 관광지를 선정하여 그 지형의 형성 과정을 파악하고, 관광산업이 현지에 미친 영향을 평가한다.
학습목표	구글어스를 통해 관광지를 직접 보며 경관특징과 형성 과정을 설명할 수 있다.

미디어 자료	사이트	– 구글어스
	뉴스	– 한경닷컴 〈드론 대신 '구글어스 스튜디오'로 항공영상 만들어봤습니다〉
	도서	– 『세계 역사 여행 구글 어스』(페니 윔스 지음, 국민서관)
	영화	– 〈라이언〉(가스 데이비스 감독, 2017) (구글 어스로 엄마와 형을 찾는 장면)

** Ⅳ. 다양한 세계, 다양한 문화

주제	미디어에 나타난 다양한 세계문화
성취기준	[9사(지리)04-01] 다양한 기준으로 문화지역을 구분해 보고, 지역별로 문화적 차이가 발생하는 이유를 지역의 자연환경, 경제·사회적 환경의 관점에서 파악한다.
학습목표	미디어 통해 보는 문화가 지역에 따라 달라지는 까닭을 설명할 수 있다.

미디어 자료	영상	– KBS 〈여행 걸어서 세계 속으로〉
	도서	– 『영화에 나타난 세계의 문화와 역사』(서은미 지음, 백산출판사) – 『지리의 힘』(팀 마샬 지음, 사이) – 『아주 쓸모 있는 세계 이야기』(남영우 외 지음, 푸른길)
	영화	– 〈언더 더 쎄임 문〉(페트리시아 리건 감독, 맥시코) – 〈연을 쫓는 아이〉(마크 포스터 감독, 아프가니스탄) – 〈천국의 아이들〉(마지드 마지디 감독, 이란) – 〈작은 아씨들〉(그레타 거윅 감독, 미국)

Ⅴ. 지구 곳곳에 일어나는 자연재해

주제	기상 재해를 주제로 뉴스 역할극하기
성취기준	[9사(지리)05-03] 자연재해로 인한 피해가 증가하거나 감소한 지역을 비교하여, 자연재해로 인한 피해를 줄일 수 있는 방안을 모색한다.
학습목표	캠페인 영상 제작을 통해 피해를 줄이는 다양한 방안을 제시할 수 있다.
미디어 자료	영상	- 기상재해 예방 캠페인 영상
	영상 뉴스	- MBC 뉴스 〈곳곳에 폭우·홍수〉… 이상기후 지구촌〉 - 연합뉴스TV 〈기후변화로 자연재해 점점 심각〉
	뉴스	- 세계일보 〈유엔 "지난 20년간 자연재해 2배 가까이 증가"〉 - 세계일보 〈"2020년 기후변화가 부른 10대 자연재해… 피해액 최소 1400억弗"〉
	도서	- 『위기의 지구, 물러설 곳 없는 인간』(남성현 지음, 21세기북스) - 『자연재해』(타챠나 알리쉬 지음, 혜원출판사) - 『세상에 대하여 우리가 더 잘 알아야 할 교양 66: 기후 변화, 자연을 상품으로 대하면?』(필립 스틸 지음, 내인생의책)

Ⅶ. 개인과 사회생활

주제	뉴스로 보는 차별의 문제
성취기준	[9사(일사)01-03] 사회집단의 의미를 이해하고, 사회집단에서 나타나는 차별과 갈등의 사례와 이에 대한 해결 방안을 탐구한다.
학습목표	뉴스를 통해 사회집단의 차별과 갈등을 이해하고 해결 방안을 모색할 수 있다.
미디어 자료	영상	- 스브스뉴스 〈'영화 속 여성은 수동적이다?' 이제 AI가 증명해주는 영화 속 성 고정관념〉 - 스브스 뉴스 〈성차별하는 AI 때문에 고통받는(?) 애플 카드〉
	뉴스	- 문화일보 〈손흥민에 인종차별 발언한 죄… 영국 남성에 벌금〉 - 경향신문 〈당신은 주류입니까 소수자입니까… '교차차별'의 사회〉 - 한겨레 〈차별금지법 필요한 이유… '혐오에 대한 기준' 세우자는 것〉
	도서	- 『세상에 대하여 우리가 더 잘 알아야 할 교양 71:혐오표현, 차별 없는 세상 만들기』(이승현 지음, 내인생의책) - 『선량한 차별주의자』(김지혜 지음, 창비) - 『내 안의 차별주의자』(라우라 비스뵈크 지음, 심플라이프)

✱✱Ⅷ. 문화의 이해

주제	각국 문화 카드뉴스 제작
성취기준	[9사(일사)02-01] 문화의 의미를 이해하고, 문화가 가지는 특징을 사례를 통해 분석한다. [9사(일사)02-02] 문화를 바라보는 여러 가지 태도를 비교하고, 다른 문화들을 이해하기 위한 바람직한 태도를 가진다.
학습목표	각국의 문화를 살펴보며 문화의 상대성을 이해하고 문화상대주의 태도를 가질 수 있다.

미디어 자료	영상	– 다문화가족지원포털 다누리 〈서로 다른 문화이야기, 이렇게 달라요〉 – 국립아시아문화전당 〈맛있고 멋있는 중앙아시아!〉
	영상 뉴스	– 연합뉴스 〈크리스마스엔 치킨을 먹는다?… 각국의 크리스마스 문화〉 – JTBC 〈이탈리아 노래·대만 카스테라… 나라별 문화코드에 열광〉
	뉴스	– 에듀동아 〈버스에도 사우나가? 나라별 흥미진진 목욕문화〉 – 머니투데이 〈케첩이 금지 음식… 왜? 나라별 못 먹는 음식〉 – 아주경제 〈메리 크리스마스, 빗자루부터 쟁반까지 나라별 풍습은?〉 – 문화뉴스 〈새해에는 떡국, 다른 나라는? 나라별 새해 음식〉
	도서	– 『청소년을 위한 사회학 에세이』(구정화 지음, 해냄) – 『다문화 백과사전』(채인선 지음, 한권의 책) – 『세상에 대하여 우리가 더 잘 알아야 할 교양 42:다문화, 우리는 단일 민족일까?』(박기현 지음, 내인생의책)

✱✱Ⅷ. 문화의 이해 3. 대중매체와 대중문화

주제	미디어 비평하기
성취기준	[9사(일사)02-03] 대중매체와 대중문화의 의미와 특징을 이해하고, 대중문화를 비판적으로 평가하는 태도를 가진다.
학습목표	TV 프로그램이나 인터넷 동영상의 매체를 분석해보고 대중매체를 이해하고 비판적으로 바라볼 수 있다.

미디어 자료	영상 뉴스	– KBS 뉴스 〈웹툰 '선정성·폭력성' 민원 급증… 규제 필요〉 – 연합뉴스 〈홈쇼핑인지 드라마인지… 무리수 PPL에 뿔난 시청자들〉
	영상	– 한국일보 〈풍성해진 콘텐츠 vs '프로듀스 101' 조작사태〉 – 국민일보 〈무모·모욕·가학적 훈련… 진짜 욕먹는 '가짜사나이'〉

미디어 자료	영상	– EBS 지식채널ⓔ〈보고만 있어도 기분 좋아지는〉 – EBS 지식채널ⓔ〈산타와 ○○를 마실래〉
	도서	–『세상에 대하여 우리가 더 잘 알아야 할 교양 26: 엔터테인먼트 산업, 어떻게 봐야 할까?』(스터지오스 보차키스 지음, 내인생의책) –『세상에 대하여 우리가 더 잘 알아야 할 교양 32: 광고, 그대로 믿어도 될까?』(로라 헨슬리 지음, 내인생의책)

*** X. 정치 과정과 시민참여

주제	청소년 선거권과 미디어리터러시
성취기준	[9사(일사)04-02] 선거의 기능과 기본 원칙을 이해하고, 공정한 선거를 위한 제도 및 기관에 대해 조사한다.
학습목표	청소년 선거권에 대한 기사와 영상을 통해 청소년 선거권의 의미와 선거교육의 필요성을 이해할 수 있다.

미디어 자료	영상	– 중앙선거관리위원회〈선거법 재연드라마 – '나도 이제 유권자, 선거법 위반행위 예방안내'〉 –〈박혜진 아나운서가 알려주는 미디어리터러시 1부〉 – EBS 지식채널ⓔ〈그날을 기다리며〉 – EBS 지식채널ⓔ〈투표를 안 하면 어떻게 될까?〉 – EBS 지식채널ⓔ〈열에 아홉〉
	사이트	– 한국선거방송
	뉴스	– 조선일보〈청소년도 지금을 살아가는 '시민' 세상을 바꾸는 일에 목소리 낼 겁니다〉 – 뉴시스〈서울 고등학생 65% "선거권 연령 하향 찬성"〉 – 한겨레〈18살 선거권 1년… "투표소 '들러리' 아닌 동등한 시민으로 존중해야"〉

*** XI. 사회 변동과 사회 문제

주제	환경문제–플라스틱 쓰레기
성취기준	[9사(일사)12-03] 현대의 주요한 사회문제를 조사하고, 이에 대한 해결 방안을 탐구한다.
학습목표	환경문제(플라스틱쓰레기)를 파악하고 해결 노력을 위한 노력을 고민해 본다.

미디어 자료	영상	– EBS 지식채널ⓔ〈플라스틱 아일랜드〉 – EBS 지식채널ⓔ〈쓰레기 없이 산다〉 – EBS 지식채널ⓔ〈나의 종착지는 어디인가요〉 – EBS 지식채널ⓔ〈알맹이만 팝니다〉

미디어 자료	영상 뉴스	– YTN 〈일회용품 분리수거 '나몰라라'… 쓰레기 대란 위기 '코앞'〉 – SBS 뉴스 〈코로나로 늘어난 쓰레기… '착한 소비' 공감〉
	뉴스	– EBS 뉴스 〈플라스틱, 지구를 위협하다〉 – EBS 뉴스 〈빈 도시락통, 챙기셨나요?〉 – KBS 뉴스 〈코로나19가 불러온 '플라스틱 대란'… 사용 줄이기부터〉

사회 2

Ⅰ. 인권과 헌법 2. 인권침해와 구제

주제		인권
성취기준		[9사(일사)06-01] 인권 보장의 중요성을 이해하고, 우리나라 헌법에서 보장하고 있는 기본권의 종류, 기본권 제한의 내용과 한계를 탐구한다.
학습목표		일상에서 인권이 침해되는 사례를 분석할 수 있다.
미디어 자료	사이트	– 국가인권위원회
	영상	– EBS 지식채널ⓔ 〈파키스탄의 아이, 이크발〉 – EBS 지식채널ⓔ 〈나, 운동부야!〉 – EBS 지식채널ⓔ 〈45만 원에 팝니다〉
	뉴스	– 한국경제 〈女아나운서 채용차별 논란 대전MBC… "정규직 은 모두 남성"〉 – 에듀동아 〈청소년 25% "사회 내 '성 차별' 문제 심각"… 대 중매체·교육 통한 인식 변화 필요"〉 – 〈일상에서 만나는 '인권교육'〉 – 오마이뉴스 〈저는 장애인입니다, 그리고 평범합니다〉 – 한겨레 〈헌법이 '말잇못'… 차별적 복장 규정, 2021년엔 변 할까요?〉
	도서	– 『세상에 대하여 우리가 더 잘 알아야 할 교양 15: 인권, 인간은 어떤 권리를 가질까?』(은우근 외 지음, 내인생의책) – 『실격당한 자들을 위한 변론』(김원영 지음, 사계절) – 『인권 감수성을 기르는 그림책 수업』(이태숙 지음, 학교도서관저널)
	그림책	– 『다르면 다 가둬!』(앙리 뫼니에 글, 나탈리 슈 그림, 아름다운사람들) – 『우린 모두 기적이야』(R. J. 팔라시오 글·그림, 책과콩나무) – 『평등한 나라』(요안나 올레호 글, 에드가르 봉크 그림, 풀빛)

**Ⅰ. 인권과 헌법 3. 근로자의 권리와 보호

주제	청소년 노동인권
성취기준	[9사(일사)06-03] 헌법에 보장된 근로자의 권리를 이해하고, 노동권 침해 사례와 구제 방법을 조사한다.
학습목표	'전태일'을 통해 근로기준법을 알아보고 청소년의 노동인권을 알아본다.

미디어 자료	영상	– EBS 지식채널ⓔ <41년> – EBS 지식채널ⓔ <당신은 누구입니까> – EBS 지식채널ⓔ <1969년, 그가 보낸 편지>
	영상 뉴스	– EBS 뉴스 〈청소년 노동인권 사각지대… "부당 대우받으면 신고를"〉 – 스브스뉴스 〈알바 경험 있는 청소년들이 가장 궁금해하는 것 정리했습니다(청소년 알바, 근로기준법, 노동법)〉 – MBC 뉴스데스크 〈50년간의 '외침'… 전태일이 꿈꾸던 세상, 지금은?〉
	뉴스	– 국제신문 〈알바 경험 부산 중고생 47.5% "근로계약서 안 써"〉 – 〈청소년 노동, 쉽게 여기나요? 그러지 마요〉 – 〈'알바' 광주 청소년 2명 중 1명 "부당대우·인권침해 경험"〉
	도서	– 『10대와 통하는 노동 인권 이야기』(차남호 지음, 철수와영희) – 『세상에 대하여 우리가 더 잘 알아야 할 교양 46: 청소년 노동 정당하게 일할 권리 어떻게 찾을까?』(홍준희 지음, 내인생의 책) – 『우리가 몰랐던 노동이야기』(하종강 지음, 나무야) – 『나, 너 우리의 일과 권리 탐구생활』(배성호 외 지음, 파란자전거) – 『노동 인권 수업을 시작합니다』(양설 외 지음, 학교도서관저널)

**Ⅷ. 사람이 만든 삶터, 도시 4. 살기 좋은 도시

주제	살기 좋은 도시
성취기준	[9사(지리)08-04] 도시 문제를 해결하여 살기 좋은 도시로 변화된 사례를 조사하고, 살기 좋은 도시가 갖추어야 할 조건을 제안한다.
학습목표	도시 문제를 해결하여 살기 좋은 도시로 변화한 사례를 제시할 수 있다.

미디어 자료	영상	– EBS 지식채널ⓔ 〈거미줄의 힘 1, 2부〉 – EBS 지식채널ⓔ 〈경성, 오래된 미래〉 – EBS 지식채널ⓔ 〈무엇이든 처음이 있다〉 – SBS 다큐멘터리 〈빌바오 효과, 미술관 하나로 도시 전체가 재정비!〉 – SBS 다큐멘터리 〈독일 림 미래 도시라 불리는 이유!〉 – SBS 다큐멘터리 〈생태를 그대로 보존한 생태 네트워크 도시! '송산 그린 시티'〉

미디어 자료	뉴스	- 정보통신신문 〈스마트 기술로 도시문제 해결〉 - 미디어제주 〈문화를 통한 도시 혁신과 지속가능 발전을 만드는 문화 도시〉
	블로그	- 환경부 〈'세계 생태 수도' 브라질 쿠리치바〉 - 환경부 〈프랑스 파리의 도시재생 '폐철도 활용'〉
	도서	- 『도시는 무엇으로 사는가』(유현준 지음, 을유문화사) - 『어디서 살 것인가』(유현준 지음, 을유문화사)

** X. 환경 문제와 지속 가능한 환경 1. 기후 변화

주제		기후 변화
성취기준		[9사(지리)10-01] 전 지구적인 차원에서 발생하는 기후 변화의 원인과 그에 따른 지역 변화를 조사하고, 이를 해결하기 위한 지역적·국제적 노력을 평가한다.
학습목표		전 지구적인 차원에서 발생하는 기후변화의 원인과 특징을 설명할 수 있다.
미디어 자료	영상	- EBS 지식채널ⓔ 〈2050, 우리의 여름은〉 - EBS 지식채널ⓔ 〈시그널〉 - EBS 지식채널ⓔ 〈그곳에서, 지금, 무엇이든〉
	뉴스	- 한겨레 〈토착 조개류 95% 멸종, 열대종 번성… 지중해의 기후변화 증거〉 - 한겨레 〈"코로나시대, 기후위기 체감" 청소년이 성인의 2배〉 - 경향신문 〈따뜻한 겨울, 54일의 장마… 기상청 '2020년 날씨, 기후 위기 증명'〉
	사이트	- EBS 뉴스블로그 〈인류 최후의 금고에 닥친 위기〉 - 기상청 블로그 〈기후변화가 환경문제뿐이라고? 우리가 먹고사는 문제다〉 - 기상청 블로그 〈기후문제라지요〉
	도서	- 『6도의 멸종』(마크 라이너스 지음, 세종서적) - 『왜 기후변화가 문제일까?』(공우석 지음, 반니) - 『파란하늘 빨간지구』(조천호 지음, 동아시아) - 『기후 변화 쫌 아는 10대』(이지유 지음, 풀빛)

** XI. 세계 속의 우리나라 1. 우리나라 영역과 독도의 중요성

주제	독도
성취기준	[9사(지리)11-01] 우리나라의 영역을 지도에서 파악하고, 영역으로서 독도가 지닌 가치와 중요성을 파악한다.
학습목표	독도의 다양한 모습을 보고 독도의 가치와 중요성을 알 수 있다.
미디어 자료	사이트	- 외교부 독도 - 독도박물관 - 독도역사찾기운동본부
	영상	- EBS 지식채널ⓔ <독도 바다를 그리다> - SBS <정글의 법칙 랜선 여행 1탄 독도!> (360 VR 영상) - SBS <정글의 법칙-살아 있는 우리 독도 해양 탐사>

도덕 1

** I. 자신과의 관계 5. 행복한 삶

주제	행복
성취기준	[9도01-05] 행복한 삶을 위해 좋은 습관과 건강의 필요성을 설명하고 정서적 건강과 사회적 건강을 가꾸기 위한 방안을 제시하고 실천 의지를 함양할 수 있다.
학습목표	행복한 삶을 생각해보고 진정한 행복을 추구하려는 자세를 지닌다.
미디어 자료	영상	- <상상 속에는 행복이 없다> (김형준 동성고 1학년 세바시 대학 강연) - EBS 지식채널ⓔ <지금은 행복하지 않지만> - JTBC <세계 학생 삶의 만족도 순위?-비정상회담>
	영상 뉴스	- EBS 뉴스 <행복은 경제순이 아니잖아요> - MBC 뉴스 <韓 청소년 행복도 최하위… 수면 부족·학업 스트레스>
	사이트	- EBS 뉴스 <지루한 10대 청소년을 위한 도전(트래시태그 챌린지)>
	도서	- 『꾸뻬 씨의 행복 여행』(프랑수아 를로르 지음, 오래된미래) - 『행복의 정복』(버트런드 러셀 지음, 사회평론)

Ⅱ. 타인과의 관계 1. 가정윤리 03 세대 간 대화와 소통을 어떻게 할까?

주제	세대 간 소통하기
성취기준	[9도02-01] 현대 한국 사회의 가정에서 발생하는 갈등을 구체적 사례를 통해 생각해보고, 좋은 가족 구성원이 되기 위한 방법을 제시하고 실천 의지를 함양할 수 있다.
학습목표	세대 간 대화와 소통의 중요성을 설명할 수 있다. 세대 간 대화와 소통 방법을 가정에서 적용할 수 있다.

미디어 자료		
	영상	– 공익광고협의회 〈가족간의 관계–질문〉 – 공익광고협의회 〈孝–효도는 말 한마디〉 – 책그림 〈가족이니까 그렇게 말해도 되는 줄 알았다〉
		– EBS 지식채널ⓔ 〈인생극장〉 – EBS 지식채널ⓔ 〈왜 저러고 살지?〉 – tvN 〈코로나19, 위기의 가족을 말하다〉
	영상 뉴스	– 연합뉴스TV 〈청·장년 90% "노인과 소통 어려워"… 세대 간 단절〉
	뉴스	– 한국일보 〈"집 걱정 사라져" "손녀 생겨 행복" 주거공유로 이룬 세대 공감의 기적〉
	사이트	– 트렌드모니터 〈불안한 일상 속 더 강조되는 '가족의 의미', 하지만 '가족 해체' 현상도 뚜렷해, 2020 가족의 의미 및 가족관, 가족관계 관련 인식 조사〉

Ⅲ. 사회·공동체와의 관계 1. 인간 존중 03 양성평등을 어떻게 실천할 수 있을까?

주제	양성평등
성취기준	[9도03-01] 인간 존엄성과 인권, 양성평등이 보편적 가치임을 도덕적 맥락에서 이해하고, 타인에 대한 사회적 편견을 통제하여 보편적 관점에서 모든 인간을 인권을 가진 존재로 공감하고 배려할 수 있다.
학습목표	양성평등의 의미와 필요성에 대해 설명할 수 있다. 양성평등을 실천하기 위해 노력하는 자세를 지닌다.

미디어 자료		
	영상	– 〈전 세계 남성과 여성을 감동시킨, 엠마 왓슨 UN 연설〉 – SBS 〈"남자에게도 이래요?"… 여성 배우들의 '불편한 진실'〉 – EBS 지식채널ⓔ 〈지금은 어디로 갔는가〉 – EBS 지식채널ⓔ 〈할머니의 트랙터, 그게 뭐 이상한가요?〉
	영상 뉴스	– 서울경제 〈"왜 엄마만 과일 깎나요?" 국민들이 찾아낸 894개 '교과서 성차별 표현'〉 – 경향신문 〈남자는 파랑, 여자는 분홍 누가 아이들을 '물들였나'〉 – 세계일보 〈女청소년, 성차별·억압 벗어나려 자해〉

미디어 자료	그림책	– 『종이 봉지 공주』(로버트 문치 글, 마이클 마첸코 그림, 비룡소) – 『메리는 입고 싶은 옷을 입어요』(키스 네글리 글·그림, 원더박스) – 『할머니의 트랙터』(안셀모 로베다 글, 파올로 도메니코니 그림, 한겨레아이들)

Ⅲ. 사회·공동체와의 관계 2. 문화 다양성 03 다문화 사회의 갈등을 해결하려면 어떻게 해야 하는가?

주제	다문화 사회
성취기준	[9도03-02] 보편 규범과 문화 다양성의 관계를 이해하고, 이를 바탕으로 문화적 차이와 다름을 존중하는 등 다양성을 긍정하는 자세를 지닐 수 있다.
학습목표	다문화 사회에 필요한 바람직한 삶의 자세를 지닌다.

미디어 자료	영상	– EBS 지식채널ⓔ〈우리 모두의 이야기〉 – EBS 지식채널ⓔ〈잘 지내나요, 이방인?〉 – EBS 지식채널ⓔ〈우리 이제 만나〉 – 공익광고협의회〈요즘 문화〉
	뉴스	– 한국일보〈무슬림 동료 앞에서 버젓이 "삼겹살 회식"〉 – 연합뉴스〈이방인에서 이웃으로… 100명 중 4명 '외국인주민'〉 – 동아일보〈'다인종 국가' 한국〉 – 아시아경제〈내년부터 군대에서 채식주의자·무슬림 장병 위한 '맞춤식단' 제공된다〉 – 전남일보〈다양한 문화 공존하는 건 강력한 국가 경쟁력〉
	자료	–〈청소년 다문화감수성 증진 프로그램의 효과성 검증을 위한 도구 개발 자료집〉(청소년 다문화감수성조사 설문지)
	도서	– 『세상에 대하여 우리가 더 잘 알아야 할 교양 42: 다문화, 우리는 단일민족일까?』(박기현 지음, 내인생의책) – 『우리 모두 조금 낯선 사람들』(이주여성인권포럼 지음, 오월의봄)

도덕 2

Ⅰ. 타인과의 관계 1. 정보 통신 윤리 03 정보 통신 매체를 올바르게 사용하려면 어떤 태도가 필요할까?

주제	정보통신의 올바른 사용방법 – 사이버중독
성취기준	[9도02-05] 정보화 시대에 요구되는 도덕적 자세와 책임의 도덕적 근거와 이유를 제시하고 타인 존중의 태도를 통해 다양한 방식으로 의사소통을 할 수 있다.
학습목표	정보 통신 매체를 올바르게 사용하려는 태도를 지닌다.

미디어 자료		
	영상	– 공익광고협의회 〈모바일 제로타임 캠페인〉 – EBS 지식채널ⓔ 〈멈추지 못하는 사람들, 노모포비아〉 – tvN 〈알파세대가 '스마트폰'에 빠지기 쉬운 이유〉 – tvN 〈스티브 잡스의 반전 자녀교육법! 디지털 기기를 못 쓰게 했다?〉
	뉴스	– 매일경제 〈"식탁선 스마트폰 금지"… 가족규칙 만들어 부모·자녀 함께 지켜야〉 – EBS 뉴스 〈학교는 스마트폰 금지구역〉 – 동아일보 〈"다른 일 못해요" 청소년 34% 스마트폰 중독〉 – 한국일보 〈알고리즘에 지배당한 인생, '자유의지'대로 살고 있나요?〉
	도서	– 『청소년 스마트폰 디톡스』(김대진 지음, 생각속의집)

Ⅰ. 타인과의 관계 1. 정보 통신 윤리 / 3. 폭력의 문제 03 폭력의 문제

주제	사이버 폭력
성취기준	[9도02-07] 폭력의 결과를 상상해보고 그 속에 내재한 비도덕성을 지적할 수 있고, 일상 생활에서 일어나는 폭력 상황에 민감하게 반응하고 대처하는 능력을 가질 수 있다.
학습목표	사이버 폭력을 예방하는 방법을 제시할 수 있다.

미디어 자료		
	영상	– EBS 지식채널ⓔ 〈5초 감옥〉. – EBS 지식채널ⓔ 〈인류 종말 보고서〉 – 〈사이버 폭력 예방교육〉(아름다운인터넷세상) – EBS 지식채널ⓔ 〈안녕? 나는 댓글이야〉
	영상 뉴스	– YTN 〈'학교 폭력' 신체 폭력 줄고 정서적 폭력 늘고〉 – EBS 〈인터넷 이용자 3명 중 1명, 사이버 폭력 경험〉
	뉴스	– 전북일보 〈모욕·인신공격 등 사이버 학교폭력 심각〉 – 노컷뉴스 〈그들은 왜 연예인에 악플을 다는가〉 – 머니투데이 〈"차라리 맞는 게 낫겠다"… 사이버 폭력 심각성 인지해야〉

미디어 자료	도서	-『세상에 대하여 우리가 더 잘 알아야 할 교양 34: 사이버 폭력, 어떻게 대처할까?』(닉 헌터 지음, 내인생의책) -『사이버 폭력 앞의 아이들』(저스틴 패친, 상상박물관)

※※ Ⅲ. 자연·초월과의 관계 1. 자연관 03 환경친화적 삶을 위한 구체적인 실천 방안은 무엇일까?

주제		친환경적인 삶
성취기준		[9도04-01] 인간과 자연의 조화를 통한 삶의 중요성과 환경 보호의 필요성을 다각적으로 이해하고, 생태지속가능성의 관점에서 소비 생활과 환경에 대한 가치관을 평가해 보며, 환경친화적인 실천 기술을 익힐 수 있다.
학습목표		일상생활 속에서 환경친화적 삶을 실천하는 방법을 설명할 수 있다.
미디어 자료	영상	- EBS 지식채널ⓔ 〈쓰레기 없이 산다〉 - EBS 지식채널ⓔ 〈나, 요즘 덕질해〉 - EBS 지식채널ⓔ 〈안녕? 난 '쓸모스포머'야〉 - EBS 지식채널ⓔ 〈위험한 소파〉 - EBS 지식채널ⓔ 〈출생의 비밀〉
		- 밝은면Bright Side 〈지구 환경 보호를 위한 22가지 놀라운 발명품〉
	뉴스	- 국민일보 〈환경 플렉스는 여기서!… 제로웨이스트의 삶 실천하세요〉 - 시사저널 〈'욕망의 산업' 패션이 환경을 주목한 이유〉
	도서	-『세상에 대하여 우리가 더 잘 알아야 할 교양 9: 자연재해, 인간과 자연이 공존하는 길은?』(안토니 메이슨 지음, 내인생의책) -『세상에 대하여 우리가 더 잘 알아야 할 교양 45: 플라스틱 오염, 재활용이 해답일까?』(제오프 나이트 지음, 내인생의책)

※※ Ⅲ. 자연·초월과의 관계 3. 삶의 소중함 2. 죽음을 어떻게 생각해야 할까?

주제		죽음
성취기준		[9도04-03] 삶과 죽음의 문제를 도덕적으로 성찰하고, 평정심을 추구하며 자신의 삶의 의미를 구성할 수 있다.
학습목표		세대 간 대화와 소통의 중요성을 설명할 수 있다. 세대 간 대화와 소통 방법을 가정에서 적용할 수 있다.
미디어 자료	영상	- EBS 지식채널ⓔ 〈죽기 위해 떠난 사람〉 - tvN 〈어쩌다 어른 - 죽음이 아름다운 이유〉(강신주) - 〈나는 매주 시체를 보러간다〉(유성호 서울대 의학대학 법의학 교수 세바시 강연) - 중앙일보 〈[웰다잉] 죽음을 선택할 권리, 인간에게 있을까?〉

미디어 자료	뉴스	– EBS 뉴스 〈좋은 죽음을 준비하는 방법〉 – 머니투데이 〈"잘 죽고 싶어요"… 죽음 '맞이하는' 사람들〉
	도서	– 『어떻게 죽을 것인가』(아툴 가완디 지음, 부키) – 『숨결이 바람 될 때』(폴 칼라니티 지음, 흐름출판) – 『우리는 왜 죽음을 두려워할 필요 없는가』(정현채 지음, 비아북) – 『나는 매주 시체를 보러 간다』(유성호 지음, 21세기북스)
	그림책	– 『살아 있는 모든 것은』(브라이언 멜로니 글, 로버트 잉펜 그림, 마루별) – 『내가 함께 있을게』(볼프 에를브루흐 글·그림, 웅진주니어) – 『무릎 딱지』(샤를로트 문드리크 글, 올리비에 탈레크 그림, 한울림어린이) – 『나는 죽음이에요』(엘리자베스 헬란 라슨 글, 마린 슈나이더 그림, 마루별) – 『너와 함께 있을게』(베르너 홀츠바르트 글, 머다드 자에리 그림, 금동이책)

기술·가정 1

Ⅰ. 청소년의 이해

주제		자아정체감– 사춘기
성취기준		[9기가01-01] 자아존중감을 향상시키고 긍정적인 자아정체감을 형성하기 위하여 청소년기의 발달 특징과 자신의 발달 특징을 연결 지어 이해한다.
학습목표		청소년기의 신체적, 지적, 정서, 사회적 발달 특성을 이해하여 건강한 사춘기를 보낼 수 있다.
미디어 자료	음악	– 볼빨간사춘기 '나의 사춘기에게' – 올라이즈밴드 '사춘기'
	영상	– EBS 〈사이틴 시즌3 – 왔다! 사춘기 – 도대체 사춘기가 뭐야?〉 – 밝은면 〈사춘기를 겪고 있다는 9가지 신호〉
	뉴스	– EBS 뉴스 〈청소년 사춘기, 반항의 이유!〉
	도서	– 『지금 내 아이 사춘기 처방전』(이진아 지음, 한빛라이프) – 『10대의 뇌』(프랜시스 젠슨 외, 웅진지식하우스)
	영화	– 〈인사이드아웃〉(피트 닥터 감독, 2015)

Ⅲ. 청소년의 자원 관리

주제	청소년의 소비 생활
성취기준	[9기가03-04] 청소년기 소비 성향과 소비 환경을 이해하고, 구매 의사 결정 과정을 통해 합리적인 소비생활을 실천한다.
학습목표	구매 의사 결정 과정을 통해 합리적인 소비 생활을 실천할 수 있다.
미디어 자료 – 영상	– EBS 지식채널ⓔ 〈소비하는 사회〉
미디어 자료 – 영상 뉴스	– EBS 뉴스 〈무엇이 '충동구매'를 부르나〉 – MBC 뉴스 〈팔수록 '손해 보는' 분유… '착한' 경영이 경쟁력〉
미디어 자료 – 뉴스	– EBS 뉴스 〈학교가 명품 점퍼를 금지한 이유〉 – 중앙일보 〈플렉스〉 – 매일경제 〈소비자가 달라졌어요… "착한 제품만 산다"〉 – 매일경제 〈너도나도 '플렉스~'명품 찾는 10대들〉 – 중앙일보 〈구○ 신고, 샤○ 입고 등교… 청소년 '명품 열풍' 당신의 생각은?〉
미디어 자료 – 도서	– 『누가 내 머릿속에 브랜드를 넣었지?』(박지혜 지음, 뜨인돌) – 『세상에 대하여 우리가 더 잘 알아야 할 교양 59: 윤리적 소비, 윤리적 소비와 합리적 소비, 우리의 선택은?』(위문숙 지음, 내인생의책)

Ⅵ. 건설기술의 세계

주제	우리나라 건설 기술 – 한옥
성취기준	[9기가04-07] 건설 기술과 관련된 문제를 이해하고, 해결책을 창의적으로 탐색하고 실현하며 평가한다.
학습목표	한옥의 구조에 대해 알아보고 친환경적인 요소를 찾아 현대의 건축에 적용할 수 있는 아이디어를 제시할 수 있다.
미디어 자료 – 영상	– EBS 지식채널ⓔ 〈공경하는 마음이 담긴 도산서당〉 – EBS 〈극한직업 한옥에 살다–현대식 한옥과 이동식 한옥〉 – SBS 〈전통 한옥 기와에 미래 기술을 더하다… 한국의 미를 살리는 꾼〉 – 한국주택금융공사 〈과학과 실용이 녹아 있는 한옥의 정수, 명재고택〉
미디어 자료 – 뉴스	– 나무신문 〈한옥의 현대적 재해석–주한 스위스 대사관〉 – 서울경제 〈도시 풍경에 녹아든 '현대 한옥'을 고민하다〉
미디어 자료 – 자료	– 오디오 지식채널e 〈한옥의 과학〉
미디어 자료 – 도서	– 『우리 한옥에 숨은 과학』(서지원 지음, 미래아이) – 『햇빛과 바람이 정겨운 집, 우리 한옥』(김경화 글, 홍선주 그림, 문학동네) – 『아름다운 우리 한옥』(신광철 글, 김유경 그림, 마루벌)

기술 · 가정 2

Ⅰ. 가족의 이해

주제		변화하는 가족
성취기준		[9기가01-04] 사회 변화에 따른 가족의 구조와 기능의 변화를 이해하고, 건강 가정을 위한 가족 구성원의 역할을 탐색하여 실천한다.
학습목표		사회 변화에 따른 가족의 정의를 생각해볼 수 있다.
미디어 자료	영상	– EBS 뉴스 〈"가족'이라는 정의〉 – EBS 〈특집 다큐멘터리-가족의 탄생〉
	뉴스	– 연합뉴스 〈배우자 없이 아이 키우는 게 죄인가요?〉 – 연합뉴스 〈동거인으로만 취급받는 동성·위탁 부모〉 – 연합뉴스 〈결혼·혈연만 정상가족?… 관련법 현주소는〉 – 강원도민일보 〈미래의 가족제도 어디로 가야하는가?〉
	영화	– 〈챔피언〉(김용완 감독, 2018) – 〈당신의 부탁〉(이동은 감독, 2018)

Ⅲ. 저출산·고령사회와 생애설계

주제		저출산·고령화 사회 문제
성취기준		[9기가01-04] 사회 변화에 따른 가족의 구조와 기능의 변화를 이해하고, 건강 가정을 위한 가족 구성원의 역할을 탐색하여 실천한다.
학습목표		저출산·고령화 사회 현상을 이해하고 다양한 방면의 해결 방안을 제시할 수 있다.
미디어 자료	영상 뉴스	– YTN 〈늙어가는 한국… 5년 후 65세 이상 천만 명 돌파〉 – SBS 〈'저출산→다산 국가로'… 프랑스인이 아이 많이 낳는 이유〉 – MBC 뉴스 〈저출산 해법을 위하여〉
	뉴스	– 국민일보 〈女 중·고생 28.7% "자녀 없어도 된다"〉 – 한국경제 〈'저출산 쇼크' 현실화… 한국, 작년 총 인구수 사상 첫 감소〉
	간행물	– 시사인 〈당장 시급한 건 '저출산'보다 '고령화'〉
	도서	– 『세상에 대하여 우리가 더 잘 알아야 할 교양 65: 인구 문제, 숫자일까, 인권일까?』(필립 스틸 지음, 내인생의 책) – 『세상에 대하여 우리가 더 잘 알아야 할 교양 69: 인구와 경제, 인구가 많아야 경제에 좋을까?』(정민규 지음, 내인생의책)

Ⅳ. 수송 기술과 신·재생 에너지

주제	신·재생에너지
성취기준	[9기가04-13] 신·재생 에너지의 활용하고, 신·재생 에너지 개발의 중요성을 인식하여, 효율적인 에너지 이용방안을 제안한다.
학습목표	신재생 에너지의 의미를 이해하고 필요성을 설명할 수 있다.

미디어 자료		
	영상	– EBS 클립뱅크 〈환경을 구하는 신·재생 에너지〉 – EBS 지식채널ⓔ 〈수소, 에너지가 되다〉 – EBS 지식채널ⓔ 〈수소, 도시를 바꾸다〉
	뉴스	– YTN 사이언스 〈친환경에너지, 신세계는 오는가?〉 – 파이낸셜뉴스 〈2034년 신재생에너지 비율 26%… 2019년比 4배↑〉 – 무등일보 〈에너지산업과 인공지능〉 – YTN 〈"공장 지붕 태양광 잠재량만도 원전급"… 그린 산업단지로 탈바꿈〉
	사이트	– 한국에너지공단
	도서	– 『수소전기차 시대가 온다』(권순우 지음, 가나출판사) – 『수소 혁명』(제러미 리프킨, 민음사)

Ⅴ. 정보통신 기술의 세계

주제	1인 미디어
성취기준	[9기가04-17] 다양한 통신 매체의 종류와 특징을 이해하고 활용한다.
학습목표	1인 미디어의 특징을 이해하고 활용할 수 있다.

미디어 자료		
	영상	– KBS 다큐세상 〈지금은 1인 방송시대〉
	영상 뉴스	– YTN 뉴스 〈1인 미디어 전성시대… 그 빛과 그림자〉 – 연합뉴스TV 〈"TV 대신 유튜브 본다"… 1인 미디어 '명과 암'〉
	간행물	– 주간경향 〈1인 미디어 크리에이터 전성시대〉 – 독서평설 〈1인 미디어의 빛과 그늘〉

VI. 생명기술과 적정기술

주제	적정기술과 지속가능한 발전	
성취기준	[9기가05-09] 적정기술과 지속가능 발전의 의미를 이해하고 적정기술 체험 활동을 통하여 문제를 탐색하고 실현하고 평가한다.	
학습목표	적정기술과 지속가능한 발전의 의미를 이해하고 필요성을 설명할 수 있다.	
미디어 자료	영상	- EBS 지식채널ⓔ〈검소한 과학, 적정기술〉 - 대한민국특허청〈따뜻한 발명, 적정기술을 만나다〉
	뉴스	- 서울신문〈세상을 바꾸는 '착한 과학'〉 - 중학독서평설〈가장 인간적인 기술 적정기술〉
	사이트	- 사이언스올〈카드뉴스: 세상을 살리는 기술, 적정기술〉 - 블로그〈적정기술 카드뉴스 예시〉
	도서	-『소외된 90%를 위한 디자인』(스미소니언연구소 지음, 에딧더월드) -『적정기술이란 무엇인가』(김정태 외 지음, 살림출판사) -『세상에 대하여 우리가 더 잘 알아야 할 교양 25: 적정기술 모두를 위해 지속 가능해질까』(섬광 지음, 내인생의책) -『소녀, 적정기술을 탐하다』(조승연 지음, 뜨인돌) -『적정기술』(임정진 지음, 미래아이)

정보

Ⅰ. 정보 문화 1. 정보 사회 01. 정보 사회와 소프트웨어

주제	정보기술의 발달과 사회의 모습	
성취기준	[9정01-01] 정보기술의 발달과 소프트웨어가 개인의 삶과 사회에 미친 영향과 가치를 분석하고 그에 따른 직업의 특성을 이해하여 자신의 적성에 맞는 진로를 탐색한다.	
학습목표	정보기술의 발달에 따른 사회의 모습을 설명할 수 있다.	
미디어 자료	영상	- EBS 지식채널ⓔ〈도시 이후의 도시〉 - EBS 지식채널ⓔ〈그런데 그것이 실제로 일어났습니다〉 - EBS 지식채널ⓔ〈3D 프린터로 만든 인공장기〉 - EBS 지식채널ⓔ〈소리로 소음을 잡는다〉 - EBS 지식채널ⓔ〈독창성도 복사가 되나요?〉

미디어 자료	영상	– EBS 지식채널ⓔ 〈감정까지 읽는 인공지능 스피커〉 – EBS 지식채널ⓔ 〈웨어러블 로봇을 입다〉 – EBS 지식채널ⓔ 〈기적을 출력하시겠습니까?〉
	뉴스	– SBS 뉴스 〈과학·정보통신기술, 삶의 질 어떻게 높여줄까〉 – 에너지경제 "AI, 2020년대 이끌 핵심 정보통신기술"
	간행물	– 주간조선 〈10대 과학기술, 미래가 더 빨리 도착했다〉
	도서	– 『세상에 대하여 우리가 더 잘 알아야 할 교양 54: 4차 산업 혁명, 어떻게 변화되어야 할까?』(위문숙 지음, 내인생의책)

Ⅰ. 정보 문화 1. 정보 사회 02 정보 사회의 직업과 진로

주제		미래직업탐색
성취기준		[9정01-01] 정보기술의 발달과 소프트웨어가 개인의 삶과 사회에 미친 영향과 가치를 분석하고 그에 따른 직업의 특성을 이해하여 자신의 적성에 맞는 진로를 탐색한다.
학습목표		미래직업을 탐색해 보고 자신의 적성에 맞는 진로를 탐색할 수 있다.
미디어 자료	영상	– EBS 지식채널ⓔ 〈일자리의 미래〉 – EBS 지식채널ⓔ 〈직업의 종말〉 – 유튜브 〈미래 유망직업, 10년 뒤 진짜 잘 나갈까? [로봇시대, 인간의 일]〉
	뉴스	– 국민일보 〈유튜버, 드론조종사… 8년간 새 직종 5,236개 생겼다〉 – 한국경제 〈AI·4차 산업혁명 시대… 미래 내 직업은 어디서 찾을까〉 – 교육부TV 〈코로나가 바꿔놓은 우리 직업의 미래〉
	사이트	– 워크넷(한국직업전망) – 커리어넷
	도서	– 『10대가 맞이할 세상, 새로운 미래직업』(김승 외 지음, 미디어숲) – 『4차 산업혁명시대 미래직업』(최낙훈 지음, 바른북스) – 『내 미래의 직업은?』(유정숙 외 지음, 상상아카데미) – 『10대가 알아야 할 미래 직업의 이동』(박종서 외 지음, 한스미디어)

Ⅰ. 정보 문화 2. 정보 윤리 01. 개인 정보 보호

주제	개인 정보의 침해	
성취기준	[9정01-02] 정보사회 구성원으로서 개인정보와 저작권 보호의 중요성을 인식하고 개인정보 보호, 저작권 보호 방법을 실천한다.	
학습목표	개인 정보를 이해하고 개인 정보 보호의 중요성을 설명할 수 있다.	
미디어 자료	영상	- 공익광고협의회 〈개인정보보호 – 열려라참깨〉 - 공익광고협의회 〈정보보호–또 다른 나〉
	뉴스	- 기호일보 〈초연결사회의 알 권리와 개인정보 보호〉
	사이트	- 개인정보보호 포털–개인정보 침해 피해 - 한국인터넷진흥원 개인정보침해 신고센터 - 행정자치부 개인정보보호 종합포털 - 보호나라 - 국가법령정보센터 개인정보보호법
	도서	- 『세상에 대하여 우리가 더 잘 알아야 할 교양 47: 저작권, 카피라이트냐? 카피레프트냐?』(김기태 지음, 내인생의책)

Ⅰ. 정보 문화 2. 정보 윤리 02 저작권 보호

주제	저작권 보호	
성취기준	[9정01-02] 정보사회 구성원으로서 개인정보와 저작권 보호의 중요성을 인식하고 개인정보 보호, 저작권 보호 방법을 실천한다.	
학습목표	저작권의 개념을 이해하고 저작원 보호의 중요성을 설명할 수 있다.	
미디어 자료	영상	- EBS 지식채널ⓔ 〈보호받을 권리〉 - 공익광고협의회 〈공익광고–사라집니다(2010년)〉
	영상 뉴스	- KBS 뉴스 〈펭수가 이상해… "후보님들, 저작권 모르세요?"〉 - YTN 〈법정 간 '상어가족'… '표절 시비' 감정 의뢰 본격 재판〉
	뉴스	- 세계일보 〈원숭이의 저작권〉 - 연합뉴스 〈EBS, 펭수 저작권법 침해 업체 형사 고소〉
	사이트	- 저작권보호원 - 한국청소년정책연구원(저작권보호정책)

▶ 미디어 활용 수업 저작권 Q&A

저작권이란 창작물을 만든 사람이 자신이 만든 창작물, 즉 저작물에 가지는 법적 권리를 말합니다. 미디어를 활용한 수업, 온라인 수업이 활성화되면서 저작권과 관련하여 궁금하거나 고민이 되는 순간을 종종 마주하게 됩니다. 실제 학교 교사들이 가장 궁금해하는 질문들을 위주로 저작권에 대해 알아보겠습니다.

✓ 우리는 왜 저작권을 지켜야 할까요?

> 맛있는 음식을 만들기 위해 재료를 사 오고 이를 깨끗하게 손질해서 여러 시간 공들여 요리한 것을 누군가가 허락도 없이 순식간에 먹어 치운다면 어떨까요? 저작권은 저작자가 그 자신이 창작한 문학, 학술, 예술, 컴퓨터 프로그램 등의 저작물에 대해서 갖는 법적 권리를 말하는 것으로, 저작자가 저작물을 만들기 위하여 들인 노력과 가치를 인정해 주는 것입니다. 저작자의 저작권이 인정받고 보호되는 분위기에서는 문화와 예술, 산업과 관련하여 더욱 훌륭한 창작물들이 만들어지고 관련된 사업의 발전도 이루어집니다. 또한 저작권은 법으로 보장되는 권리이므로 동의 없이 사용하거나 배포를 하게 되면 민사 손해배상 청구 및 형사소송의 법적 제재가 이루어질 수 있습니다.

✓ 교과서 출판사의 제공 자료를 사용하려면?

중학교 사회교사 이 모 교사는 교과서 출판사에서 제공하는 동영상, 도표나 사진 등을 수업에 활용하고 싶어 합니다. 그러나 그 학교에서는 해당 출판사 교과서를 사용하지 않아요. 그래도 수업에 참고할 수 있을까요? 따로 해당 출판사에 허락을 구해야 할까요?

학교 수업 목적으로 교과용 도서의 사진, 동영상, 도표, 지문 등 저작물의 일부 내지 전부를 활용할 수 있습니다. 그러나 저작권자의 저작권 보호를 위한 출처를 반드시 표기하고 무분별한 배포를 금지하기 위한 저작권 보호 경고 문구를 반드시 삽입해야 합니다.

한 가지 더 유의해야 할 점은 수업을 위한 목적 외에 저작권자의 동의 없이 유포해서는 안 된다는 점! 학생들에게 반드시 주지시켜 주세요!

※ 경고 문구 예시: 본 수업자료는 저작권법 제25조2항에 따라 학교 수업을 목적으로 이용되었으므로, 본 수업자료를 외부에 공개, 게시하는 것을 금지하며, 이를 위반하는 경우 저작권 침해로서 관련법에 따라 처벌될 수 있습니다.

✓ 최신 가요 등 음원을 사용하고 싶다면?

중학교 음악교사 심 모 교사는 국어교사와 함께 요즘 유행하는 아이돌 가수들의 음악을 문학적으로 표현하는 수업을 구상하고 있습니다. 이를 위해 수업 중에 아이돌 가수들의 음악을 학생들에게 들려주려고 하는데 이는 저작권법을 위반하는 건가요?

전체 음원 이용이 필요하다면, 저작권자가 자유롭게 이용할 수 있도록 정한 공유 저작물 이용을 권장합니다. 공유 저작물은 음원 무료 공유 사이트에서 이용 가능합니다. 그러나 공유 저작물이 아닌 경우에는 저작권자(제작자나 가수)의 사전 이용 허락을 받아야 합니다. 유튜브의 경우에는 주소 링크를 통해 접근하는 것이 가능합니다. 그러나 수업에 이용된 자료(음악)가 동료 교사나 학생들을 통해 재배포되지 않게끔 유의해주세요!

✓ 소설 등 책의 내용을 발췌하고 싶다면?

중학교 사서교사 김 모 교사는 학생들 수업 자료로 고전 소설 일부분을 발췌하여 사용하려고 합니다. 발췌한 내용을 인터넷을 통해 학생들에게 공유하고 싶은데, 도서를 활용할 경우 발췌는 어디까지 가능하며, 저작권 위배가 되지 않으려면 어떻게 해야 하나요?

학교 수업을 목적으로 제작한 수업자료(타인의 저작물 포함)는 저작권법상 수업에 참여하는 학생에게만 허용됩니다. 불특정 다수(일반인)가 사용할 수 있는 공개된 인터넷 카페 등에 올리는 행위는 저작권 침해에 해당할 수 있으니 주의하세요. 또한 저작물의 공정 이용 분량은 어문저작물(텍스트 기반 저작물)의 경우 10%까지 복제 등을 통해 이용 가능합니다. 타인의 저작물을 사용할 경우 반드시 출처를 표시하고, 접근 제한 조치 및 복제 방지 조치(수업 주체인 교사·학생만 로그인 활용)가 되어 있는지 확인하세요!

✓ 수업 결과물을 소셜네트워크(SNS)에 게시하고 싶다면?

중학교 역사교사 최 모 교사는 사서교사와 함께 역사 프로젝트 수업으로 조선왕조실록 중 왕들의 일상을 오늘날 SNS에 올리는 것처럼 패

러디하여 SNS에 게시하는 활동을 기획하고 있습니다. SNS에 교육활동을 게시하기 전에 저작권 관련 유의사항은 무엇이 있을까요?

'공정한 이용' 등의 방법으로 사용한다면 학생 이외의 동료 교사나 불특정 다수에게도 공유가 가능합니다. 다만 이러한 방법은 학교의 수업 목적 허용 범위보다는 이용 분량이 적어 이용에 한계가 있습니다. 하지만 저작물이 포함된 수업자료라도 수업지원보상금을 부담하는 교육청 등의 관리·감독하(교육청 홈페이지, 학교 홈페이지 등)에서는 공유를 허용하고 있습니다. 따라서 학교 홈페이지 등을 최대한 활용하되 SNS에 반드시 업데이트해야 한다면 ① 접근 제한 조치 및 복제 방지 조치(수업 주체인 교사·학생만 로그인 활용) ② 저작권 관련 경고 문구 표시 ③ 출처 표시를 합니다.

또한 처음 의도와 다르게 확대, 재배포되는 경우도 종종 있어 반드시 유의해야 합니다. 게시물로 인해 학생들이 피해를 보지 않도록 저작권 윤리교육도 함께 실시되면 좋겠죠? SNS상에서 자신을 표현하는 방법, 정보를 공유하는 방법, 협력하는 방법 등에 대한 교육이 제공되어야 합니다. 윤리적인 책임감과 타인에 대한 배려, 사생활 존중 등을 꼭 지키도록 해주세요!

✓ 글꼴(폰트) 사용에 대해 알고 싶다면?

중학교에서 근무 중인 이'모 국어교사는 뉴스 리터러시 수업을 준비하고 있습니다. 학생들에게 보여줄 수업자료를 동영상으로 제작하고, 학습지 자료를 만들려고 합니다. 또한 학생들에게 PPT 제작·발표를 과제로 내주려고 합니다. 이때, 한컴오피스에 포함된 번들 폰트를 이용하여 다른 프로그램에서 동영상이나 PPT를 제작한다면 저작권 침해

인가요? 무료 폰트는 안심하고 사용해도 되나요?

(※ 번들 폰트: 응용 소프트웨어(한컴·MS-Office·윈도우 등)에 포함되어 설치된 폰트 파일)

> 한컴오피스에 포함된 번들 폰트마다 라이선스가 다르며 이때 라이선스의 범위 제한이 없는 폰트는 자유롭게 사용이 가능하고 저작권 침해에 해당하지 않습니다. 또한 프로그램 설치 시 윈도우 폰트에 저장되어 다른 프로그램에서 자동 인식된 폰트를 이용하는 행위는 저작권 침해에 해당하지 않습니다. 하지만 일부 프로그램에서는 번들 폰트를 해당 프로그램에서만 사용 가능하도록 제한하고 있어 폰트 이용 범위를 확인하고 사용해야 합니다.
>
> 무료 폰트 중 일부는 사용 대상을 개인으로 한정하여 학교의 교육활동 등에 사용을 제한하는 경우가 있습니다. 무료 폰트라도 반드시 이용 조건(목적, 대상, 이용 방법 등)을 확인하고 사용해야 합니다.
>
> 정부에서 국민 누구나 저작권 걱정 없이 자유롭게 이용할 수 있는 '안심 글꼴 파일 서비스'를 제공하고 있습니다. 문화체육관광부, 한국저작권 공유마당, 한국문화정보원 공공누리에서 다운로드할 수 있으니 확인하고 사용하시기 바랍니다.

✓ 교사가 먼저! 미디어 유형별 출처 표기 방법에 대해 알고 싶다면?

중학교 도덕교사 정 모 교사는 학생들의 흥미 유발을 위하여 다양한 자료를 활용해서 수업자료를 제작합니다. 수업자료 출처 표시를 꼭 하려고 신경을 쓰는 편인데 매번 헷갈립니다. 미디어 유형별 올바른 출처 표기 방법을 알고 싶습니다.

수업 자료에 다른 사람의 자료를 사용하는 경우 원저작물의 출처를 반드시 밝혀야 합니다. 출처를 표기하는 것은 표절을 막기 위한 최소한의 행위입니다. 많이 사용되는 자료 유형별 출처 표기 방법은 아래와 같습니다.

종류	출처 표기 방법	예시
단행본	글쓴이, 제목, 출판사(출판 연도)	심OO, 미디어 리터러시, 학교도서관저널(2021)
번역서	글쓴이(옮긴이/옮김), 제목, 출판사(출판 연도)	Peter(심OO 옮김), 미디어 리터러시, 학교도서관저널(2021)
논문 (정기간행물)	글쓴이, "논문 제목", 잡지명 제0권 0호(출판 연도), 게재쪽	심OO, "미디어 리터러시", 학교도서관저널 제1권 1호(2021), 66-78쪽.
신문 기사	기자명, "기사 제목", OO일보(연.월.일.)	심OO, "미디어 리터러시", OO일보(2021.1.1.)
인터넷	글쓴이, "자료명", 해당URL, 작성일자(또는 검색일자)	심OO, "미디어 리터러시", https://blog.naver.com/1357(2021.1.1. 방문)
사전	기자명, "기사 제목", OO일보(연.월.일.)	OO백과, "미디어 리터러시"
	온라인: 사전 이름, "항목", 온라인 사전 이름, URL	OO백과, "미디어 리터러시", NAVER 지식백과, https://terms.naver.com/
사진 및 이미지	원저작물의 저자 이름	심OO
	인터넷: 저작자, 원저작물의 URL	심OO, https://blog.naver.com/2468
노래 가사	작사가, 제목, 발표 연도	심OO, 미디어 리터러시, 2021

☑ **저작권 걱정 없이 활용할 수 있는 사이트가 궁금한가요?**

요즘 온라인 수업 때문에 미디어를 수업에 활용할 일이 많습니다. 수업 자료로 영상이나 음원 등을 사용할 때 전체 다 활용하고 싶은데 저작권에 위배되지 않을지 걱정됩니다. 저작권 걱정 없이 저작물을 활용할 수 있는 공유 저작물 제공 사이트가 있나요?

저작물의 전체 이용이 필요하다면 저작재산권 보호기간이 만료되거나 저작권자가 자유롭게 이용할 수 있도록 정한 공유 저작물을 이용해야 합니다. 공유 저작물이 아닌 저작물 전체 이용이 필요한 경우에는 저작권자의 사전 이용 허락을 받아 허락받은 조건과 범위 내에서만 이용 가능합니다. 공유 저작물을 제공하는 유용한 사이트들을 아래에 소개합니다.

사이트 이름	주소	특징
공유마당	gongu.copyright.or.kr	한국저작권위원회가 운영하는 사이트로 이미지, 영상, 음악, 어문, 폰트 등 제공
렛츠씨씨	letscc.net	CCL 콘텐츠 전문 검색 서비스
자멘도	jamendo.com	무료 음원 사이트
프리사운드	freesound.org	
씨씨믹스터	ccmixter.org	
프리뮤직 아카이브	freemusicarchive.org	
Incompetech	incompetech.com/music/royalty-free	
까칠한 클래식	kkacl.com/md	클래식 음원 무료 제공
pixabay	pixabay.com/ko	이미지 무료 제공 (Shutterstock과 연결된 이미지만 유료)
플래티콘	flaticon.com	주제별로 다양한 무료 이모티콘 제공
Unsplash	unsplash.com	다양한 주제의 고해상도 사진 무료 제공
Free Refe Real Life Photos	getrefe.tumblr.com	감각적이고 전문적인 사진 제공
Public domain vectors	publicdomainvectors.org/ko	무료 벡터 이미지 제공

출처: 교육부·문화체육관광부, 「코로나19로 인해 원격수업을 실시하는 기간 중 수업목적(고등학교 이하) 저작물 이용 FAQ(ver.2)」(2020.8.28)

찾아보기

가짜 뉴스 43, 49-50, 193, 195, 197
공익광고 120-132, 145
『나는 두 집에 살아요』 120, 124-125, 127
낚시성 기사 192-193, 196
뉴스 6-7, 22, 28, 32, 35-37, 42-55, 96, 109-111, 132-134, 138-139, 189, 192-201
도서관 활용수업 26, 28, 89, 105, 119, 140, 143, 157, 189, 203-204
『돈의 속성』 160
동아리 활동 75, 77-80, 82
디지털 미디어 리터러시 교육 종합계획 17-18
『류명성 통일빵집』 189, 194, 203
만평 156, 159, 161, 164, 167
멸치 101
뮤직비디오 89-104, 147, 158
미디어교육 통합지원포털 18
미리캔버스 44-45, 55
민주시민교육 203, 204
방과후 수업 32, 35, 56, 58, 60, 120, 123, 170, 173, 175
『배운다는 건 뭘까?』 32, 37, 40
블로 101
빅카인즈 44, 54, 193, 198-199
스캠퍼 기법 199
「신과 함께」 159, 162, 168
〈씨리얼〉 173, 175-176, 179, 185, 187
『양심고백』 140, 145-146
어뷰징 기사 192-193, 196
『왜요, 그 말이 어때서요?』 113, 117, 119
월드카페식 비경쟁 독서 토론 125-127, 145
『웨슬리나라』 56-58, 63, 68, 70
웹드라마 7, 75, 78-88

웹툰 7, 53-55, 78, 81-82, 159-169
『위대한 개츠비』 156-157, 159, 169
유튜브 7, 14-16, 43, 45, 58, 92, 103, 124, 140, 143-155, 170, 173-179, 182-188
「이태원 클라쓰」 159, 162
인포그래픽 140, 144, 146, 148-153, 155
인포데믹 197
자유학기제 35, 42, 46-48, 136
제3차 학교도서관진흥기본계획 26
〈족구왕〉 59-61, 64-68, 68, 70, 72
질문 적합성 37, 41, 53
창의적 체험활동 26, 75, 77
청소년 기후행동 171, 176, 179, 182, 185, 187
『청소년 마음 시툰: 안녕, 해태 1』 75, 83
취미 박람회 60-61, 68
카드 뉴스 32, 35-37, 42-51, 54-55
『파란하늘 빨간지구』 170-171, 173-176, 180, 188
팟캐스트 28, 53-55, 120, 123-125, 131-139
패들렛 175-176, 180, 182-183
평생학습사회 33-34, 51
포스터 105, 111-112, 115-116
프리즘 카드 37, 40-41, 163
『하고 싶은 일 해, 굶지 않아』 59
『학교 없는 사회』 33
『호모 루덴스, 놀이하는 인간을 꿈꾸다』 56, 63
10대 청소년 미디어 이용 조사 35, 108-109
6가지 미디어 리터러시 역량 25, 28-29
Big6 스킬 36, 38, 41, 43, 48 53-55
KWL차트 175-176, 180, 188

주제로 접근해 활동으로 완성하는
미디어 리터러시 수업

1판 1쇄 발행 2021년 5월 25일
1판 3쇄 발행 2022년 12월 5일

지은이	김미옥, 김선미, 박인혜, 손민영, 심하나, 윤희순, 정경진
펴낸이	한기호
책임편집	여문주
편 집	서정원, 박혜리, 이선진
본부장	연용호
마케팅	하미영
경영지원	김윤아
디자인	박소희
펴낸곳	(주)학교도서관저널
출판등록	제2009-000231호(2009년 10월 15일)
주 소	서울시 마포구 동교로 12안길 14(서교동) 삼성빌딩 A동 3층
전 화	02-322-9677
팩 스	02-6918-0818
전자우편	slj9677@gmail.com
홈페이지	www.slj.co.kr
ISBN	978-89-6915-099-8 03370

- 이 책은 저작권법에 따라 보호받는 저작물이므로 무단전재와 무단복제를 금합니다.
- 잘못 만든 책은 구입하신 서점에서 바꾸어 드립니다.
- 책값은 뒤표지에 적혀 있습니다.